AZ ÚJ SZAKKÖNYV SPORTOLÓKNAK

100 FINOM RECEP, HOGY SEGÍTJÜK AZ IZOMOT

Linda Nemes

Minden jog fenntartva.

Jogi nyilatkozat

Az ebben az e-könyvben található információk célja, hogy átfogó stratégiák gyűjteményeként szolgáljanak, amelyekről az e-könyv szerzője kutatásokat végzett. Az összefoglalókat, stratégiákat, tippeket és trükköket csak a szerző ajánlja, és ennek az e-könyvnek az olvasása nem garantálja, hogy az eredmények pontosan tükrözik a szerző eredményeit. Az e-könyv szerzője minden ésszerű erőfeszítést megtett annak érdekében, hogy aktuális és pontos információkat nyújtson az e-könyv olvasói számára. A szerző és munkatársai nem vállalnak felelősséget az esetlegesen feltárt nem szándékos hibákért vagy hiányosságokért. Az e-könyvben található anyagok tartalmazhatnak harmadik felektől származó információkat. A harmadik felek anyagai tulajdonosaik véleményét tartalmazzák. Mint ilyen, az e-könyv szerzője nem vállal felelősséget semmilyen harmadik féltől származó anyagért vagy véleményért.

Az e-könyv szerzői joga © 2022, minden jog fenntartva. Ennek az e-könyvnek részben vagy egészben történő újraterjesztése, másolása vagy származékos munkája illegális. A jelentés egyetlen része sem reprodukálható vagy továbbítható semmilyen formában, bármilyen formában a szerző kifejezett és aláírt engedélye nélkül.

TARTALOMJEGYZÉK

TARTALOMJEGYZÉK 3
BEVEZETÉS 7
   1. Fehérje húsgombóc 9
   2. Pulyka, alma és zsálya húsgombóc 12
   3. Ázsiai húsgombóc Hoisin alma mázzal 15
   4. Sült makktök csirke húsgombóccal 19
   5. Superfood éjszakai zab 23
   6. Fűszeres csirke kuszkuszos 25
   7. Speedy Harissa csirke és Tabbouleh 28
   8. Egytálcás kesudiós csirke 31
   9. Loaf Tin Lasagne 34
  10. Harissa csirke és marokkói kuszkusz 38
  11. Bivaly csirke tészta saláta 42
  12. Csirke, édes burgonya és zöldek 45
  13. Ázsiai mogyoróvajas szezámmagos csirke 48
  14. Barbecue csirke és rizs 51
  15. Alacsony kalóriatartalmú lime és chili pulyka hamburgerek 54
  16. Malajziai csirke satay 56
  17. Tikka Masala csirke 60
  18. Egyedényes kókuszos csirke és rizs ételkészítés 63
  19. BBQ Pulled Chicken Mac N Cheese 67
  20. Mogyoróvajas csirke curry 71
  21. Fajita tészta sütni 74
  22. Krémes citromos és kakukkfüves csirke 77
  23. Csirke és Chorizo Paella 80
  24. Easy Protein Bowl Meal Prep 83
  25. Sült tonhal steak és édesburgonya szeletek 87
  26. Gyors fűszeres cajun lazac és fokhagymás zöldség 91
  27. Tonhal tészta saláta 94
  28. Salmon Poke Bowl 97

29. Magas fehérjetartalmú Kedgeree............101
30. Fűszeres Bárány Feta Bulgurral............104
31. Sovány, krémes kolbászos tészta............107
32. Édesburgonya és Chorizo Hash............110
33. Teriyaki Marha Zoodles............113
34. Sült feta kuszkusz............116
35. Egyedényes lencse Dahl............119
36. Édes paprikás vegán tál és csokoládé fehérjegolyók............123
37. Végső 15 perces vegán fajitas............127
38. Ropogós tofu és teriyaki tészta............130
39. Vegán lencse bolognai............134
40. Reggeli Burritos egész héten át............137
41. Burrito üvegek............141
42. Kiváló fehérjetartalmú töltött paprika 4 módon............144
43. Olasz csirkehúsgombóc spagettivel............146
44. Mediterrán pulykafasírt Tzatzikivel............150
45. Vega- és marhahúsgombóc Marinara............154
46. Mézes barbecue csirke húsgombóc............158
47. Pulyka édesburgonyás húsgombóc............161
48. Egyszerű mexikói csicseriborsó saláta............163
49. Tofu és spenót Cannelloni............166
50. Kókuszos curry lencseleves............169
51. Indiai Curry Quinoa............172
52. Grillezett zöldségek fehérbab cefre............175
53. Sütőben sült szejtán............178
54. Csicseriborsó tofu............181
55. Párolt tofu............184
56. Fűszeres mogyoróvaj tempeh............187
57. Füstös csicseriborsó tonhal saláta............190
58. Thai quinoa saláta............193
59. Török bab saláta............196
60. Zöldség és quinoa tálak............199
61. Mandula vajas tofu rántva............202
62. Quinoa csicseriborsó buddha tál............205
63. Seitan parmezán............208
64. Vöröslencse pogácsák............211

65. Rukkola pesto és cukkini..214
66. Vegetáriánus rakott..217
67. Sült kelbimbó...220
68. Avokádós csicseriborsó szendvics..222
69. Serpenyőben quinoa...224
70. Ragadós tofu tésztával...227
71. Vegán BBQ teriyaki tofu...230
72. Csírák zöldbabbal...233
73. Kérges tofu retekkel...235
74. Lencse lasagne..238
75. Lencsefasírt...241
76. Mogyoróhéjas sertésérmék...244
77. Sertésszelet jóízűen...247
78. Sertés spagettitök..250
79. Fűszeres quinoa falafel...253
80. Butternut squash galette..256
81. Quinoa curry pasztával...259
82. Sült füstölt sárgarépa szalonna...262
83. Lazac spagettitök felett..264
84. Póréhagymán buggyantott lazac...267
85. Grillezett kardhal salsával..269
86. Tonhal steak majonézzel..271
87. Összenyomott téli tök...273
88. Nyársra vágott fésűkagyló prosciutto..275
89. Szeitán és fekete bab...278
90. Curry tofu borítók..281
91. Thai saláta tempeh-vel...284
92. Pfelfújt quinoa bár...287
93. Ccsokoládé darabos süti...289
94. Shelled edamame dip...292
95. Matcha kesudió poharak...294
96. Ccsípős csokoládé szeletek...296
97. Snedves zöld süti...299
98. Banana bárok..301
99. Protein fánk..304
100. Hegy-szezámos tofu...307

KÖVETKEZTETÉS..310

BEVEZETÉS

Senki sem fordít annyi figyelmet arra, hogy mit eszik, mint egy testépítő. A kalóriáknak megfelelőnek kell lenniük, a makróknak kiegyensúlyozottnak kell lenniük, és nem feledkezhetünk meg a mikrokról sem.

Aztán ott vannak a különféle diétás filozófiák, amelyek a pole pozícióért küzdenek – szakaszos böjt, szénhidrát-ciklus, ketogén és rugalmas diéta, hogy csak néhányat említsünk. Nos, az Ön preferenciáitól függetlenül ezek a testépítő receptek mindenre kiterjednek.

Itt mindent megtalálsz, ami segíthet abban, hogy az étkezésed sikeres legyen, a magas kalória- és szénhidráttartalmútól az alacsony szénhidrát- és alacsony szénhidráttartalmúig, gyorstól és egyszerűbbtől egészen az aktívabb (és kifizetődőbb!)ig. Ja és persze rengeteg fehérje is van!

A testépítés finom egyensúly az izomépítés és a zsírégetés között. Megfelelő kalóriára van szüksége az izomtömeg növeléséhez, de kalóriadeficitre is szüksége van a raktározott zsír elégetéséhez. Lehetetlennek hangzik, de nem az. A titok? Alapvető matematika. Vagy ahogy a fitnesz világában emlegetik: az energiaegyensúly egyenlet. Egyszerűen fogalmazva: minél nagyobb az izomtömeged, és minél aktívabb vagy, annál többet kell enned. Ennek az az oka, hogy minél több sovány izomtömeged van, annál több energiára (köszi, ételre!) van szükség az izom mozgatásához. Az alapvető funkcióktól, például a légzéstől, az emésztéstől és a szívveréstől kezdve a körbejárásig és a ruhanemű felhordásáig a lépcsőn, vagy a megfontoltabb gyakorlatokig, mint a futás vagy komoly súlyok lökdösése az edzőteremben – a szervezetnek energiára van szüksége, és ha csinálod. Mindezekhez a feladatokhoz több sovány izomzattal több üzemanyagra van szüksége.

Mielőtt a hűtőhöz rohanna, nézzük meg a spektrum másik végét. Ha több kalóriát eszünk, mint amennyit szervezetünk felhasznál, akkor az összes extra kalóriát zsírként raktározzuk el. Ez az oka annak, hogy sok ember, aki erősödni akar, valójában soha nem lesz sovány és megaprózott. Valóban megerősödhetnek, de a soványság azt jelenti, hogy felesleges kalóriákat kell elhagyni. Vannak még olyan tényezők, amelyeket figyelembe kell venni, mint például a rossz élelmiszerminőség, a tápanyag-időzítés hiánya és a makrotápanyagok nem megfelelő aránya. Természetesen nem minden kalória egyenlő. Azt akarjuk, hogy a legjobb építőkövekkel tápláljuk testünket, a megfelelő időben, hogy erőt adjunk az edzésünknek, javítsuk a teljesítményünket, növeljük az izmokat, és megszabaduljunk a felesleges testzsírtól.

1. Fehérje húsgombóc

Adagolás: 12

Hozzávalók:

- 0,8-1 font sovány darált marhahús (95% sovány hús/5% zsír)
- 1 kis sárga hagyma, lereszelve
- ¼ csésze friss petrezselyem, darált
- 1 tojás
- ⅓ csésze száraz zsemlemorzsa
- 1 teáskanál só és ½ teáskanál bors

Útvonal:

a) A sütőt előmelegítjük 425 fokra.

b) Egy peremes tepsit kibélelünk sütőpapírral.

c) Keverje össze az összes hozzávalót egy keverőtálban. Kezével óvatosan keverje össze az összetevőket, amíg jól el nem keveredik.

d) Formázz a húsból 1 hüvelyk átmérőjű golyókat úgy, hogy óvatosan forgatd a kezeid között. Sütőpapíros tepsire helyezzük úgy, hogy mindegyik között legalább 1 hüvelyk legyen.

e) 12 percig sütjük. Kivesszük a sütőből, és tálaljuk vagy hozzáadjuk a marinarához.

2. Pulyka, alma és zsálya húsgombóc

Adagolás: 20

Hozzávalók:

- 1½-2 lb őrölt pulyka
- 1 nagy alma, reszelve (kb. 1 csésze, csomagolva; ha úgy tetszik, hámozzuk meg, de én nem)
- ½ csésze finomra vágott édes hagyma
- 2 nagy tojás, felverve
- 2 evőkanál kókuszliszt
- 2 enyhén csomagolt evőkanál apróra vágott friss zsályalevél
- ½ teáskanál szerecsendió
- Bőséges csipet só
- ½ teáskanál őrölt fekete bors

Útvonal:

a) Egy nagy keverőtálban keverje össze a pulykát, az almát, a hagymát, a tojást és a kókuszlisztet, amíg össze nem keveredik. Ezután keverjük hozzá a zsályát, a szerecsendiót, a sót és a borsot, amíg az ízek egyenletesen el nem oszlanak.

b) Vágjunk bele 3 evőkanál golyókat, és a tenyereink között görgessük meg, hogy kisimuljanak.

c) Melegítsük elő a sütőt 350 fokra, és melegítsünk elő pár evőkanál olajat egy sütőben használható serpenyőben. Pároljuk a húsgombócokat egymástól legalább egy hüvelyknyi távolságban, amíg az alja sötétbarna és ropogós nem lesz (kb. 3-5 perc), majd fordítsa meg, és tegye ugyanezt a másik oldalával is.

d) Tegye a serpenyőt az előmelegített sütőbe, és süsse 9-12 percig, amíg megsül (nem marad rózsaszín a közepén). Az enyém 10 perc alatt tökéletes volt.

e) A főtt vagy nyers húsgombócokat légmentesen záródó edényben hűtőszekrényben legfeljebb 3 napig, fagyasztóban legfeljebb 3 hónapig tárolja.

3. Ázsiai húsgombóc Hoisin alma mázzal

Adagolás: 24

Hozzávalók:

A húsgombócokhoz

- $\frac{1}{2}$ lb cremini gomba, durvára vágva (a szárát eltávolítva)
- 1 csésze All-Bran Original gabonapehely
- 1 lb extra sovány őrölt pulyka
- 1 tojás
- 1 gerezd fokhagyma, finomra aprítva
- $\frac{1}{2}$ teáskanál pirított szezámolaj
- 1 teáskanál csökkentett nátriumtartalmú szójaszósz
- 2 evőkanál koriander, apróra vágva
- 2 evőkanál zöldhagyma, apróra vágva
- $\frac{1}{4}$ teáskanál só
- $\frac{1}{4}$ teáskanál bors

A szószhoz és a díszítéshez

- $\frac{1}{4}$ csésze hoisin szósz
- $\frac{1}{4}$ csésze rizsborecet

- 1 csésze cukrozatlan almaszósz
- 2 evőkanál almavaj
- 1 evőkanál csökkentett nátriumtartalmú szójaszósz
- 1 teáskanál szezámolaj

Választható köretek

- Földimogyoró, zúzott
- Zöldhagyma, vékonyra szeletelve
- szezámmag

Útvonal:

A húsgombócokhoz:

a) Melegítsd elő a sütőt 400 F-ra, és bélelj ki egy nagy tepsit sütőpapírral vagy szilappal.

b) Konyhai robotgéppel pörgesse fel a gombát, amíg őrölt hússzerű állagot nem kap. Tedd át egy tálba.

c) Adja hozzá az All-Bran-t a robotgéphez, és addig dolgozza, amíg por nem lesz. Adjuk hozzá a tálhoz.

d) Keverje hozzá a pulykahúst, a tojást, a fokhagymát, a pirított szezámolajat, a szójaszószt, a koriandert, a zöldhagymát, a sót és a borsot. Forgassunk 24 golyót és tegyük a tepsire.

e) Süssük 15-18 percig, vagy amíg kívül aranybarna, belül pedig teljesen megsül.

A szószhoz és a körethez:

f) Egy nagy serpenyőben keverje össze a hoisin szószt, az ecetet, az almaszószt, az almavajat, a szójaszószt és a szezámolajat, és közepes lángon párolja, amíg teljesen össze nem sűrűsödik.

Összegyűlni:

g) Ha megsültek a húsgombócok, a szósszal együtt a serpenyőbe tesszük, és addig keverjük, amíg jól be nem vonódik.

h) Díszítsük darált földimogyoróval, szezámmaggal és szeletelt zöldhagymával, ha szükséges.

4. Sült makktök csirke húsgombóccal

Adagolás: 4

Hozzávalók:

- 2 makktök
- 1 evőkanál olívaolaj
- Tengeri só és frissen őrölt bors
- 3 gerezd fokhagyma, felaprítva
- 3 mogyoróhagyma, durvára vágva
- 1 csésze korianderlevél (szárát eltávolítva)
- 1 font extra sovány darált csirke
- 2 teáskanál őrölt kömény
- ¼ csésze panko
- ¼-½ csésze Hatch zöld chili, apróra vágva
- 2 evőkanál fenyőmag
- ¼ csésze Cotija sajt – morzsolt (opcionális)
- 1 avokádó, bőrét és magját eltávolítva
- 2 evőkanál natúr joghurt
- 1 evőkanál olívaolajos majonéz

- Író hígítani, ha szükséges
- Kiegészítő koriander díszítéshez

Útvonal:

a) Melegítsük elő a sütőt 400 fokra (légkeveréses sütőben 375 fok). Óvatosan vágja fel a tök mindkét végét. A maradék darabot 1½-3 hüvelykes körökre szeleteljük – ez lehet 2 vagy 3 darab. Sütőpapíros tepsire tesszük, megkenjük olívaolajjal, sózzuk, borsozzuk. Tedd az előmelegített sütő közepébe 15-20 percre, amíg elkészíted a tölteléket.

b) Adja hozzá a fokhagymát, a mogyoróhagymát és a koriandert a robotgép táljába. Pörgessük meg néhányszor, amíg finomra vágjuk, de nem pürésítjük.

c) Adja hozzá a koriander keveréket egy nagy keverőtálba a darált csirkével. Adjuk hozzá a köményt és a pankót. Jól összekeverni. A kezek működnek a legjobban! Hajtsa bele a zöld chilit, a fenyőmagot és a cotija-t, ha használ. Ne keverje túl, de próbálja meg belekeverni a csirkehús keverékbe. Formázz 4-5 golyót a makktök szeletek számától és ízlésedtől függően.

d) Vegye ki a sütőtököt a sütőből. Minden szelet közepére tegyünk egy húsgombócot. Tegye vissza a sütőbe további 25 percre. Az idő a húsgombócok méretétől függ. Ha villát szúrunk a húsgombócba, elég keménynek kell lennie, és a töknek elég puhanak kell lennie.

e) Amíg a húsgombóc és a tök sül, keverje össze az avokádót, a joghurtot, a majonézt, a sót és a borsot egy turmixgépben vagy aprítógépben. Simára dolgozzuk. Ellenőrizze a fűszerezést. Adjunk hozzá írót a kívánt állagúra. Kicsit lazábban szeretem, mint a majonézt – vastag, nem folyós!

f) Tálaláskor minden adagra tegyünk egy-egy adag avokádó krémet, és díszítsük korianderrel. Élvezd!

5. Superfood éjszakai zab

Kiszolgálás: 1

Hozzávalók

- 75 g tejmentes joghurt
- 50 g instant zab
- 125 ml mandulatej
- 1 evőkanál mandulavaj
- 1 teáskanál fahéj
- Csipet só

Útvonalak

a) Keverje össze az összes hozzávalót egy edényben vagy tálban, és jól keverje össze.

b) Fedjük le és tegyük hűtőbe legalább 4 órára vagy egy éjszakára, majd élvezzük a finoman telt és krémes egyéjszakás zabot!

6. Fűszeres csirke kuszkuszos

Adagok 4

Hozzávalók

- 1 evőkanál curry paszta
- 1 evőkanál mangó chutney
- 1/2 teáskanál kurkuma
- 1 adag só (ízlés szerint)
- 50 ml olívaolaj
- 4 csirkemell
- 300 g kuszkusz
- 350 ml zöldségalaplé
- Választható extrák:
- Gránátalma magok
- Koriander

Útvonalak

a) A csirkehús pác készítéséhez adjuk hozzá a currypasztát, a chutney-t, a kurkumát, a sót és az olívaolajat egy tálba, és jól keverjük össze.

b) Vágja félbe mindegyik csirkemellet, mielőtt a páchoz adná. Jól keverjük össze, amíg az egész csirkét be nem fedi.

c) Hagyja félre a csirkét legalább 20 percig – ideális esetben egy éjszakára a hűtőben.

d) Melegíts fel egy grillserpenyőt közepes lángon, és rakd ki a csirkedarabokat. A csirkedarabokat mindkét oldalon 5-6 percig grillezzük, vagy amíg aranybarnák és enyhén elszenesednek.

e) Közben a kuszkuszt egy nagy tálba tesszük, és óvatosan felöntjük a forrásban lévő zöldségalaplével. Fedjük le a tálat fedővel, és hagyjuk a kuszkuszt ázni körülbelül 5 percig.

f) A kuszkuszunkat villával puhítsuk meg, és adjunk hozzá tetszőleges extrát. A gránátalma magjai kiválóak a színükért és az ízükért.

g) Osszuk el a kuszkuszunkat 4 edénybe, mielőtt két darab pácolt csirkehússal felöntjük. Az ételt egy csipetnyi korianderrel fejezzük be.

7. Speedy Harissa csirke és Tabbouleh

Elkészítés: 4 étkezés

Hozzávalók

- 50 g harissa paszta
- 1 teáskanál extra szűz olívaolaj
- 1 csipet pecsét só
- 3 x csirkemell (próbáld ki bőrrel az extra ízért)
- 180 g bolgár búza vagy kuszkusz (száraz súly)
- 40 g petrezselyem (szár és levele)
- 20 g mentalevél
- 6-8 x újhagyma
- 1/2 egy uborka
- 4 x paradicsom
- 6 evőkanál görög joghurt
- 1/2 citrom (leve és héja)
- 1 gerezd fokhagyma (darált)
- 1 csipet tengeri só
- 1 marék gránátalma mag (elhagyható)

Útvonalak

a) A csirkéhez: Melegítsük elő a sütőt 190°C-ra. Egy kis tálban keverjük össze a harissa pasztát, az olívaolajat és egy csipet sót.

b) A csirkemellek tetejét éles késsel vágjuk be, majd dörzsöljük át a harissa keverékkel a csirkemelleket és a vágóvonalakba.

c) Várakozás közben készítse el a tabbulét. Főzzük meg a bolgár búzát vagy a kuszkuszt a csomagolás hátulján található utasítások szerint. Ha megfőtt, leszűrjük, nagy keverőtálba öntjük, és villával szétválasztjuk a szemeket. Hagyjuk kihűlni.

d) Finomra vágjuk a petrezselymet, a mentaleveleket, az újhagymát, az uborkát és

e) Az öntethez: Egyszerűen keverje össze egy tálban a görög joghurtot, a citrom levét és héját, a darált fokhagymát és a tengeri sót.

f) Ha minden alkatrész készen van, ossza el három Tupperware tárolóedényre. Hagyjuk kihűlni, majd hűtsük le és tároljuk legfeljebb 3 napig.

8. Egytálcás kesudiós csirke

Elkészítés: 4 étkezés

Hozzávalók

- 3 evőkanál kesudióvaj
- 2 evőkanál szójaszósz
- 2 evőkanál juhar vagy agave szirup
- 2 gerezd fokhagyma
- 1 teáskanál kínai ötfűszer
- 4 csirkemell (kockára vágva)
- 1 fej brokkoli (virágokra vágva)
- 40 g kesudió
- 2 piros chili (kockára vágva)
- Marék friss koriander
- 300 g basmati rizs (főtt)

Útvonalak

a) Melegítsük elő a sütőt 200°C-ra vagy 180°C-ra légkeveréses üzemmódban. Egy nagy tálban keverje össze a kesudióvajat, a szójaszószt, a juharszirupot, a fokhagymát és az öt fűszert.

b) Tedd a tálba a kockára vágott csirkemellet és a brokkoli rózsákat, és jól vond be.

c) A tál tartalmát egy mély tepsibe öntjük és 20 percig sütjük.

d) Közben pirítsd meg a kesudiót. Melegíts fel egy serpenyőt erős lángon, add hozzá a kesudiót, és ne mozgasd addig, amíg el nem kezd barnulni és egy kicsit felpattanni. Dobd fel és hagyd barnulni a másik oldalát.

e) Ha megsült a kesudiós csirke és a brokkoli, keverjük össze a kesudióval és a chilivel, osszuk el és tegyük Tupperware dobozokba a főtt basmati rizzsel. Mindegyikre szórunk egy kevés apróra vágott koriandert, és hűtőbe tesszük. Könnyen!

9. Loaf Tin Lasagne

Elkészítés: 4 adag

Hozzávalók

- 1 teáskanál kókuszolaj
- 1 fehér hagyma, durvára vágva
- 2 gerezd fokhagyma, finomra vágva
- 1 evőkanál szárított oregánó
- 350 g darált pulyka
- 600 g apróra vágott paradicsom vagy paradicsomos passata
- 300 g lasagne lap
- 1 cukkini
- 1 teáskanál tengeri só és fekete bors
- 400 g túró
- 3 tojás fehérje
- 100 g zsírszegény sajt (reszelve)

Útvonalak

a) Először készítse el a pulyka ragut. Adjuk hozzá a kókuszolajat egy serpenyőbe közepes vagy magas lángon. Adjuk hozzá a hagymát és dinszteljük 3-4 percig, majd adjuk hozzá a fokhagymát és pirítsuk további 2 percig (ha porított változatot használunk, a következő lépés után adjuk hozzá).

b) Ezután adjuk hozzá a darált pulykadarabot, és egy spatulával kicsit törjük össze, majd időnként megkeverve hagyjuk 3-4 percig pirulni. Keverje hozzá az oregánót, $\frac{1}{2}$ teáskanál sót és borsot, valamint a paradicsomot, és lassú tűzön párolja 10 percig.

c) Amíg várunk, a túrót és a tojásfehérjét egy tálban villával habosra keverjük a maradék sóval és borssal. Félretesz, mellőz. A sütőt előmelegítjük 200°C-ra vagy 180°C-ra légkeveréses üzemmódban.

d) Most készítse elő a cukkini és lasagne lapokat. Zöldséghámozóval szeleteljük fel hosszában a cukkinit, hogy hosszú szeleteket kapjunk. Mossa meg a lasagne lapokat hideg víz alatt szűrőedényben.

e) Ha kész a pulyka ragu, ideje elkészíteni a lasagne-t. Kezdje egy réteg cukkinilappal, hogy a főzés után könnyen eltávolíthassa. Ezután felváltva a ragut, a sajtszószt, a lasagne lapokat és a cukkinit. Befejezésül egy réteg lasagne-t, majd sajtszószt, majd szórjuk meg zsírszegény sajttal.

f) Fóliával 15 percig sütjük, majd levesszük a fóliát, 20°C-kal felmelegítjük, és további 20 percig sütjük. Ha megfőtt, osszuk négy tálba, tálaljuk kedvenc salátánkkal vagy zöldségeinkkel, és tároljuk a hűtőszekrényben legfeljebb három napig.

10. Harissa csirke és marokkói kuszkusz

4-et szolgál ki

Hozzávalók

- 500 g csont nélküli, bőr nélküli csirkecomb
- 1 evőkanál extra szűz olívaolaj
- 2 evőkanál harissa paszta
- ½ citrom (leve)
- 1 hagyma (finomra vágva)
- 3 gerezd fokhagyma (zúzott)
- 2 evőkanál kókuszolaj
- 1 teáskanál kömény
- 1 teáskanál füstölt paprika
- 350 g kuszkusz
- 1 db zöldségleves kocka
- 1 liter forralt víz
- 1 csokor friss petrezselyem (apróra vágva)
- 1 teáskanál chili pehely
- 40 g fenyőmag
- 50 g mazsola

Útvonalak

a) Először az olívaolajat, a harissa pasztát, a sót, a borsot és a citromlevet adjuk hozzá a csirkecombokhoz, és masszírozzuk bele a masszát. Miután bevontuk, félretesszük és hagyjuk pácolódni.

b) Közben a hagymát és a fokhagymát apróra vágjuk, majd egy tapadásmentes serpenyőben felhevítünk egy evőkanál kókuszolajat. Hozzáadjuk a hagymát, és 5 percig puhára főzzük.

c) Adjuk hozzá a fokhagymát a serpenyőbe, és főzzük 2 percig, mielőtt hozzáadnánk a köményt és a füstölt paprikát. Fűszereket keverünk a hagymához és a fokhagymához, majd keverjük hozzá a száraz kuszkuszt.

d) Keverje össze a zöldséglevest és a forrásban lévő vizet, majd öntse a serpenyőbe. Keverje össze az egészet, és hagyja, hogy a kuszkusz felszívja a folyadékot.

e) Közben a maradék evőkanál kókuszolajat öntöttvas serpenyőben vagy serpenyőben nagy lángon felhevítjük. Hozzáadjuk a harissa csirkecombot, és mindkét oldalát 4-5 percig sütjük, mielőtt kivesszük a serpenyőből és félretesszük.

f) Ha a kuszkusz felszívta a zöldséglevet és megkétszereződött, tegyük át egy nagy tálba, és adjuk hozzá a mazsolát, a fenyőmagot, a petrezselymet, fél citrom levét, sót, borsot és chilipehelyet.

g) Tegyen egy kuszkuszágyat minden ételkészítő edénybe, és tegye rá a szeletelt harissa csirkét.

11. Bivaly csirke tészta saláta

Elkészítés: 3 étkezés

Hozzávalók

A tésztához:

- 160 g főtt tészta
- 3 mell főtt csirke
- 2 szár zeller
- Marék koktélparadicsom
- 1 sárga paprika
- 2 evőkanál csökkentett zsírtartalmú ranch öntet
- Nagy marék vegyes levelek

A bivalyszószhoz:

- 175 ml peri-peri szósz
- ½ teáskanál fokhagymapor
- 4 evőkanál csökkentett zsírtartalmú vaj vagy margarin
- Csipet só

Útvonalak

a) Helyezzen egy serpenyőt közepes lángra, és adja hozzá a peri-peri szószt és a fokhagymaport. Főzzük 2 percig, majd adjuk hozzá a vajat és a sót, és főzzük további 5 percig, időnként megkeverve. Vegyük le a tűzről, és hagyjuk hűlni néhány percig.

b) A zellert, a paradicsomot és a borsot falatnyi darabokra vágjuk, majd két villával felaprítjuk a csirkét. Tegyük egy nagy keverőtálba a főtt tésztával.

c) Öntsük fel bivalyszósszal, és dobjuk át a tésztasalátán. Osszuk el 3 edénybe, és öntsön mindegyikre egy kis ranch öntettel, és tálaljuk egy marék vegyes levéllel vagy kedvenc köretével. Hűtőbe tesszük akár 3 napig, és melegen vagy hidegen fogyaszthatjuk.

12. Csirke, édes burgonya és zöldek

Hozzávalók

- 2 evőkanál kókuszolaj
- 4 x 130 g csirkemell
- 350 g édesburgonya
- 1/2 teáskanál tengeri só
- 1/2 teáskanál fekete bors
- 1/2 teáskanál paprika
- 1 zacskó friss spenót
- 350 g zöldbab (nyírva)
- Megszórjuk a kiválasztott fűszerekkel

Útvonalak

a) A sütőt előmelegítjük 180°C-ra.

b) Először is vágja fel az édesburgonyát szeletekre, és helyezze egy tepsire. Sóval, borssal, paprikával ízesítjük, majd 25 percig sütjük.

c) Forraljuk fel a vízforralót, és tegyük egy tálba a megvágott zöldbabot. A zöldbabot forrásban lévő vízzel felöntjük egy csipet sóval, és hagyjuk 1-2 percig blansírozni (a tápérték megőrzése érdekében ne főzzük meg teljesen).

d) Helyezze a csirkemellet egy rácsra vagy egy nagy, tapadásmentes serpenyőre közepes lángon, és süsse barnára az egyik oldalát, majd fordítsa meg a csirkemellet, és ízesítse mindegyik mellet tetszőleges fűszerekkel.

e) Miután a csirke alaposan megfőtt, helyezze egy deszkára pihenni és kihűlni.

f) A zöldbabot lecsepegtetjük a sós vízből.

g) Miután az összes hozzávaló kihűlt, töltse fel az ételes dobozokat. Minden dobozba tegyünk 2 marék spenótot, egy gombóc szeleteket, zöldbabot és egy csirkemellet.

h) Tárolja légmentesen záródó edényben a hűtőszekrényben, majd tegye mikrohullámú sütőbe 3-4 percig, vagy amíg meleg nem lesz.

13. Ázsiai mogyoróvajas szezámmagos csirke

Hozzávalók

A csirkéhez:

- 5 evőkanál mogyoróvaj
- 50 ml narancslé
- 3 evőkanál cukormentes szirup (juhar ízű)
- 3 evőkanál szójaszósz
- 1 hüvelykujj gyömbér (reszelve)
- 3 csirkemell
- A salátához:

- 2 uborka (spirálozva vagy vékonyra szeletelve)
- 2 sárgarépa (spirálozva vagy vékonyra szeletelve)

Salátaöntet:

- 2 evőkanál cukormentes szirup (juhar ízű) vagy juharszirup
- 4 evőkanál szójaszósz
- 2 evőkanál szezámolaj

Tálaljuk:

- 30 g (száraz súly) barna/basmati rizs étkezésenként

Útvonalak

a) Melegítsük elő a sütőt 200°C-ra vagy 180°C-ra légkeveréses üzemmódban.

b) A mogyoróvajat, 100 ml forró vizet és a narancslevet habosra keverjük, majd hozzáadjuk a szirupot, a szójaszószt és a gyömbért. Félretesz, mellőz.

c) Fűszerezzük és pirítsuk meg a csirkemelleket úgy, hogy nagy lángon, tapadásmentes serpenyőben mindkét oldalát 3 percig sütjük, majd rakott edénybe tesszük, és alaposan bekenjük a csirkemellet a mogyoróvajas szósszal.

d) 20 percig sütjük.

e) Várakozás közben készítse el a salátaöntetet a szirup, a szója, a szezámolaj és a magvak összekeverésével, majd keverje össze a spirálozott uborkával és a sárgarépával.

f) Ha a csirke megsült, tegyük ételkészítő dobozokba, és tálaljuk salátával és barna rizzsel. Három napos ebéd előkészítése rendezve.

14. Barbecue csirke és rizs

Hozzávalók

- 1 evőkanál kókuszolaj
- 450 g főtt fehér rizs
- 600 g csirkemell
- 6 marék spenót
- 75 g csemegekukorica
- 3 evőkanál barbecue szósz
- 1 teáskanál édes paprika
- 9 koktélparadicsom

Útvonalak

a) Minden nyers csirkemellet vízszintesen kettévágunk.

b) Dörzsölje be a barbecue szósszal, a paprikával, sóval és borssal az egész csirkét.

c) Tegye a kókuszolajat egy forró serpenyőbe vagy rácsra, és tegye a csirkét a serpenyőbe közepes lángon körülbelül 4 percre mindkét oldalán. Megfordítjuk, és ha alaposan megfőtt, tányérra tesszük hűlni.

d) Tegyen 2 marék spenótot a műanyag Tupperware kádak aljába.

e) Főzzük meg a rizst a csomagoláson található utasítások szerint, és hagyjuk kihűlni. Töltse meg a kádakat az egyik oldalon.

f) A rizs tetejére kanalazzuk a csemegekukoricát, és adjunk hozzá szeletelt paradicsomot.

g) Az elkészítést a hideg csirke hozzáadásával fejezzük be, és tegyük be a hűtőbe.

15. Alacsony kalóriatartalmú lime és chili pulyka hamburgerek

Hozzávalók

- 1 teáskanál kókuszolaj
- 50 g hengerelt zab
- 40 g darált pulyka (2-7% zsírtartalmú darált)
- 1/2 teáskanál tengeri só és fekete bors
- 1/2 piros chili
- 1 teáskanál fokhagyma paszta
- 1/2 kis vöröshagyma
- 1/2 lime (lé és héja)

Útvonalak

a) Először a sütőt 180°C-ra előmelegítjük. Adjuk hozzá a hengerelt zabot egy robotgépbe, és dolgozzuk finomra.

b) Adjuk hozzá a hagymát, a chilit, a fokhagymát, a lime levét és héját, és dolgozzuk durvára. Ezután adjuk hozzá a hamburger darált, sózzuk, borsozzuk, és keverjük össze.

c) Kézzel készíts 5 hamburgerpogácsát, és tedd kibélelt tepsire.

d) 15-20 percig sütjük.

e) Tálaljuk tetszőleges zöldségekkel.

16. Malajziai csirke satay

Elkészítés: 4 étkezés

Hozzávalók

- 2 evőkanál szezám-, földimogyoró- vagy olívaolaj
- 2 szál citromfű
- 1 fehér hagyma
- 2 gerezd fokhagyma
- 1 hüvelykujj gyömbér
- 2 piros chili
- 1 teáskanál kurkuma
- 1 teáskanál köménymag
- 8 evőkanál porított mogyoróvaj vagy 4-6 evőkanál normál mogyoróvaj
- 3 csirkemell (kockára vágva)
- 300 g teljes kiőrlésű rizs (főtt)
- 1 vöröshagyma (apróra vágva)
- 1 uborka (apróra vágva)

Útvonalak

a) Először a szezámolajat, a citromfüvet, a hagymát, a fokhagymát, a gyömbért, a chilit, a kurkumát és a köményt egy turmixgépbe tesszük. Addig dolgozzuk, amíg sima masszát nem kapunk.

b) Ezután egy külön edényben keverjen össze 8 evőkanál porított mogyoróvajat 8 evőkanál vízzel, amíg mogyoróvajnak nem tűnik. Adjunk hozzá még egy kis port vagy vizet a kívánt állag eléréséhez.

c) Keverjük össze a fűszerpaszta felét a mogyoróvajjal, hogy mogyorómártást kapjunk, és öntsük a maradék fűszerpasztával a felkockázott csirkét. Fűzzük fel a csirkét 6 kis nyársra (a nyársakat áztassuk vízbe legalább egy órára, nehogy megégjen a fa). Ha van időd, hagyd pácolódni a csirkét pár órát.

d) A csirkenyársakat közepes vagy magas lángon 8-10 percig, vagy amíg teljesen át nem sütjük. Ha megsült, kivesszük a serpenyőből és félretesszük.

e) Adja hozzá a mogyorószószt ugyanabba a serpenyőbe, és forralja fel, időnként keverje meg, amíg forró. Levesszük a tűzről.

f) Készítsen három Tupperware dobozt főtt rizzsel, apróra vágott uborkával és apróra vágott lilahagymával. Minden dobozba tegyünk két csirkenyársat. Osszuk három kisebb Tupperware dobozba a mogyorószószt, vagy öntsük a szószt közvetlenül a csirkére.

g) Hűtőszekrényben legfeljebb 3 napig. Mikrohullámú sütő teljes teljesítményen 3 percig, vagy amíg a cső fel nem melegszik. És tessék – 3 napi étkezés, hogy felfrissítse az irodai ebédeket!

17. Tikka Masala csirke

4-et szolgál ki

Hozzávalók

- 1 evőkanál 100% kókuszolaj
- 500 g csirkemell (kockára vágva)
- 1 fehér hagyma (apróra vágva)
- 4 gerezd fokhagyma (reszelve vagy zúzott)
- 1 evőkanál gyömbér (reszelve)
- 2 evőkanál paradicsompüré
- 1 teáskanál kurkuma
- 1 teáskanál garam masala
- ½ teáskanál chili por
- 1 doboz apróra vágott paradicsom (turmixolva)
- 1 bögre forrásban lévő csirke alaplé
- 3 nagy evőkanál zsíros görög joghurt

Tálaljuk:

- 50 g basmati rizs adagonként (száraz súly)
- 2 laposkenyér (csíkokra vágva)
- 20 g apróra vágott kesudió

Útvonalak

a) Először egy serpenyőben közepes lángon hevítsd fel a kókuszolajat, majd add hozzá a csirkemellet és a hagymát. Sózzuk, borsozzuk, majd addig sütjük, amíg a csirke kívül már nem rózsaszínű lesz.

b) Csökkentse a hőt, és adjuk hozzá a fokhagymát, a gyömbért, a paradicsompürét, a kurkumát, a garam masala-t és a chiliport, valamint egy csepp vizet, és keverjük jól 1-2 percig, hogy a fűszerek illata felszabaduljon.

c) Ezután adjuk hozzá a kikevert paradicsomot és a csirkehúslevet, forraljuk fel a serpenyőt, és időnként megkeverve hagyjuk főni 10 percig.

d) Ha a szósz nagyjából felére csökkent, vedd le a tűzről, és keverd hozzá a görög joghurtot. Ha szuper krémesre szeretnénk, nyugodtan tegyünk még görög joghurtot, vagy fordítva.

e) Basmati rizzsel, laposkenyér csíkokkal és apróra vágott kesudióval tálaljuk.

18. Egyedényes kókuszos csirke és rizs ételkészítés

Hozzávalók

A csirkéhez:

- 5-6 bőr nélküli csirkecomb
- 2 evőkanál joghurt
- 1 teáskanál gyömbér
- 1 teáskanál kurkuma
- ½ teáskanál chili por
- ¼ teáskanál só

Az edényhez:

- 1 evőkanál kókuszolaj
- 1 hagyma (vékonyra szeletelve)
- 2-3 gerezd fokhagyma (reszelve)
- 1 teáskanál gyömbér (reszelve)
- ½ teáskanál chili por
- 250 g basmati rizs (áztatva és lecsöpögtetve)
- 1 doboz gyújtós kókusztej
- ½ nagy bögre forralt víz

Kiszolgálni:

- Apróra vágott kesudió
- Koriander

Útvonalak

a) Adja hozzá a csirkecombot, a joghurtot, a gyömbért, a kurkumát, a chiliport és a sót egy tálba, és jól keverje össze, amíg a csirke teljesen be nem vonódik. Tegye félre, és hagyja pácolódni legalább 15 percig, lehetőleg egy éjszakán át.

b) Egy nagy mély serpenyőben vagy serpenyőben közepes lángon hevítsünk kókuszolajat, és adjuk hozzá a csirkecombokat.

c) Főzzük 5 percig, mielőtt megfordítanák, és további 5-10 percig főzzük, amíg a csirke megpuhul. Kivesszük a serpenyőből és félretesszük.

d) Adjuk hozzá a hagymát a serpenyőbe egy kis vízzel, és pirítsuk 5 percig. Ezután adjuk hozzá a fokhagymát, a gyömbért, a chiliport és még egy csepp vizet. Folyamatosan keverjük, amíg a hagyma meg nem fűszerezi, majd 2 percig pirítjuk.

e) A basmati rizst a hagymához és a fűszerekhez keverjük, majd hozzáadjuk a kókusztejet és 1/2 bögre forralt vizet.

Az egészet alaposan keverjük össze, forraljuk fel, majd tegyük vissza a csirkecombokat a serpenyőbe a rizs tetejére.

f) Fedjük le fedővel, és hagyjuk főni 15-20 percig, amíg a rizs meg nem fő.

g) Tálalás előtt díszítsük apróra vágott kesudióval és korianderrel.

19. BBQ Pulled Chicken Mac N Cheese

4-et szolgál ki

Hozzávalók

A grillezett csirkéhez:

- 4 evőkanál cukormentes szósz (BBQ)
- 1 teáskanál paprika
- 1 teáskanál fokhagyma granulátum
- Só
- Bors
- 300 g csirkemell

A mac n sajthoz:

- 3 evőkanál vaj
- 3 evőkanál sima liszt
- 1 gerezd fokhagyma (zúzott)
- 1 evőkanál paprika
- 1 liter félzsíros tej
- 150 g zsírszegény cheddar (reszelve)
- 250 g makaróni tészta
- Chili pehely fűszerezésre

Útvonalak

a) Melegítse elő a sütőt 180°C-ra, és forraljon fel egy nagy fazék vizet.

b) Ezután keverje össze a BBQ cukormentes szószt, a paprikát, a fokhagyma granulátumot, a sót és a borsot egy kis tálban.

c) Szeletelj mély vágásokat oldalra minden csirkemellbe, és tedd őket egy fóliával bélelt tepsibe. Ezután öntsük a BBQ szószos keveréket a csirkemellekre.

d) Dörzsöljük bele a szószt a csirkemellebe, hogy teljesen befedjék, majd a csirkemelleket fóliába zárjuk és 25 percig sütjük.

e) Ha megsült, vegyük le a csirkét a fóliáról – tegyük félre a BBQ levét –, majd két villával aprítsuk fel a csirkét.

f) Hozzáadjuk a BBQ-levet és az apróra vágott csirkét egy serpenyőben, közepes lángon 3-4 percig sütjük, majd félretesszük. Ha szeretné, adjon hozzá még néhány cukormentes BBQ szószt.

g) Tegye fel a makaróni tésztát főni.

h) Közben egy mély serpenyőben felolvasztjuk a vajat. Adjuk hozzá a fokhagymát és a paprikát, és pároljuk 2 percig.

i) Jól keverjük hozzá a lisztet, majd fokozatosan adjuk hozzá a tejet.

j) Ezután adjuk hozzá az alacsony zsírtartalmú cheddart, keverjük addig, amíg beleolvad a fehér szószba, majd végül adjuk hozzá a felaprított BBQ csirkét és a főtt makaróni tésztát. Jól keverjük össze, hogy minden összeálljon.

k) Tálaljuk egy csilipehellyel vagy fekete borssal, hogy egy kis lendületet kapjunk, és élvezzük!

20. Mogyoróvajas csirke curry

4-et szolgál ki

Hozzávalók

- 1 evőkanál 100% kókuszolaj
- 400 g csirkemell (kockára vágva)
- 1 hagyma (szeletekre vágva)
- 2 gerezd fokhagyma (apróra vágva)
- 1 hüvelykujjnyi darab gyömbér (apróra vágva)
- 1 piros chili (kimagozva és apróra vágva)
- 5 evőkanál curry por
- 1 doboz apróra vágott paradicsom
- 1 marék friss koriander (apróra vágva)
- 400 ml világos kókusztej
- 100 g teljesen természetes mogyoróvaj (ropogós)

Kiszolgálni:

- Basmati rizs (kb. 75 g személyenként)
- Darált földimogyoró
- Koriander

Útvonalak

a) Először egy nagy serpenyőben felforrósítjuk a kókuszolajat, és beletesszük a csirkét. Enyhén fűszerezzük, és sütjük, amíg át nem sül, kívül aranybarnára sül, majd félretesszük.

b) Most hozzáadjuk a hagymát és puhára sütjük. Adjuk hozzá az apróra vágott fokhagymát, gyömbért és chilit, és pirítsuk még 1-2 percig, mielőtt hozzáadjuk a curryport és egy nagy csobbanás vizet. Forraljuk fel, jól keverjük össze és főzzük 5 percig.

c) Most adjuk hozzá az apróra vágott paradicsomot és a koriandert, alaposan keverjük össze, és hagyjuk további 10 percig párolni, időnként megkeverve.

d) Fokozatosan keverjük hozzá a világos kókusztejet a szószhoz, majd adjuk hozzá a ropogós mogyoróvajat. Az egészet alaposan keverjük össze, és lassú tűzön pároljuk, amíg a curry el nem éri a kívánt állagot.

e) Tálaljuk basmati rizzsel és egy kis apróra vágott korianderrel és mogyoróval, majd élvezd!

21. Fajita tészta sütni

5-öt szolgál ki

Hozzávalók

- 1 evőkanál kókuszolaj
- 350 g csirkecomb (kockára vágva)
- 1 hagyma (finomra szeletelve)
- 2 kaliforniai paprika (finomra szeletelve)
- ½ csomag fajita fűszerezés
- 350 g rigatoni
- 100 g salsa mártogatós
- 100 g könnyű krémsajt
- Egy kis csokor koriander (szárát eltávolítva, apróra vágva)
- 50 g világos cheddar
- 30 g világos mozzarella

Útvonalak

a) Először melegítse elő a sütőt 180°C/360°C-ra.

b) Egy nagy serpenyőben felforrósítjuk a kókuszolajat, és beletesszük a csirkecombokat. Sózzuk, borsozzuk jól, és 6-7 percig sütjük, egyszer-kétszer megfordítva, amíg a külsejük barnulni kezd. Kivesszük a serpenyőből és félretesszük.

c) Tegye rá a tésztát, hogy tíz percen belül készen álljon a serpenyőbe tenni.

d) Most hozzáadjuk a hagymát és a paprikát a serpenyőbe, és rendszeresen kevergetve puhára sütjük. Adjuk vissza a fajita fűszert és a főtt csirkét, jól keverjük össze és pirítsuk 5 percig.

e) Ezután adjuk hozzá a kifőtt tésztát (előtte csepegtessük le), a salsát és a krémsajtot, és alaposan keverjük össze, hogy minden egyenletesen elegyedjen.

f) Végül adjuk hozzá az apróra vágott koriandert, és jól keverjük össze, mielőtt egy nagy tepsibe tesszük.

g) Megkenjük a sajttal, és 10-15 percig sütjük, amíg ropogósra nem kezd.

h) Díszítsük apróra vágott újhagymával és korianderrel, majd ássuk bele!

22. Krémes citromos és kakukkfüves csirke

6-ot szolgál ki

Hozzávalók

- 2 teáskanál friss kakukkfű
- 2 teáskanál vegyes fűszernövény
- Só és bors ízlés szerint
- 6 csont nélküli, bőr nélküli csirkecomb
- 1 evőkanál olaj
- 1 hagyma (apróra vágva)
- 2 gerezd fokhagyma (apróra vágva)
- 1 citrom leve
- 100 ml csirke alaplé
- 200 ml crème fraiche
- Citrom szelet
- Friss kakukkfű

Felszolgálási javaslatok:

- Quinoa (kb. 50 g adagonként)
- Zsenge szárú brokkoli

Útvonalak

a) Először elkészítjük a fűszerezést úgy, hogy egy kis tálban összekeverjük a friss kakukkfüvet, a kevert fűszernövényeket, a sót és a borsot. Bőségesen szórja meg a csirkecombokat, ügyeljen arra, hogy egyenletesen vonja be, és a maradék fűszereket hagyja az oldalára, hogy később felhasználhassa.

b) Ezután adjuk hozzá az olajat egy nagy serpenyőbe közepes lángon. Ha már felforrt, hozzáadjuk a csirkecombokat, és mindkét oldalát néhány percig sütjük. Kívülről ropogósnak és barnának kell lenniük, belül pedig teljesen átsültnek (rózsaszín darabok nélkül). Vegye ki a csirkét a serpenyőből, és tegye félre.

c) Ugyanabban a serpenyőben, ahol a csirkét főztük, hozzáadjuk a hagymát és a fokhagymát, és néhány percig főzzük, amíg megpuhul. Ezután adjuk hozzá a citromlevet, a csirkehúslevet és a maradék fűszerkeveréket, jól keverjük össze, és hagyjuk pár percig buborékolni.

d) Adjuk hozzá a crème fraiche-t, keverjük át, és főzzük további 2-3 percig, hogy besűrűsödjön. Ezután tegyük vissza a csirkecombokat a serpenyőbe, és hagyjuk pár percig melegedni.

e) Levesszük a tűzről, és friss citromszeletekkel és kakukkfűvel díszítjük. Tálalja quinoával, és fogyasszon azonnal, vagy adagolja fel a heti étkezéshez. Finom.

23. Csirke és Chorizo Paella

5-öt szolgál ki

Hozzávalók

- 100 g chorizo
- 500 g bőr nélküli csirkecomb
- Só és bors ízlés szerint
- 1 hagyma (apróra vágva)
- 1 teáskanál kurkuma
- 1 teáskanál paprika
- 2 gerezd fokhagyma (darált)
- 1 piros paprika (szeletekre vágva)
- 225 g paella rizs
- 400 ml csirke alaplé
- 4 paradicsom (apróra vágva)
- 100 g borsó

Díszítéshez:

- Citrom és lime szeletek
- Friss petrezselyem

Útvonalak

a) Először tedd bele a chorizo darabokat egy nagy tapadásmentes serpenyőbe, és főzd néhány percig, amíg az oldaluk barnulni nem kezd, és olajok szabadulnak fel. Ezután vegyük ki és tegyük félre későbbre.

b) Adjuk hozzá a csirkecombokat a serpenyőbe, és főzzük meg a chorizo természetes olajain. Sózzuk, borsozzuk, és addig sütjük, amíg mindkét oldaluk megpirul, és nem marad rózsaszín. Vegyük ki a serpenyőből és tegyük félre is.

c) Ezután hozzáadjuk az apróra vágott hagymát, és néhány percig pirítjuk, amíg megpuhul. Ezután adjuk hozzá a kurkumát, a paprikát, a fokhagymát és a pirospaprikát, jól keverjük össze, hogy mindent bevonjon a fűszerekkel.

d) Pár perc múlva hozzáadjuk a paella rizst, és átkeverjük. Ezután öntsük hozzá a csirkehúslevet és az apróra vágott paradicsomot, és keverjük össze az egészet egyenletesen.

e) Tegyük vissza a chorizo darabokat a serpenyőbe, keverjük át, majd adjuk hozzá a csirkecombokat. Fedjük le a serpenyőt fedővel, és pároljuk 15 percig, hogy a rizs megfőjön és felszívja a folyadékot.

f) Végül hozzáadjuk a borsót, átkeverjük, és néhány utolsó percig hagyjuk melegedni, mielőtt levesszük a tűzről. Tálaljuk bő lime- és citromkarikákkal, valamint friss petrezselyemmel díszítve.

24. Easy Protein Bowl Meal Prep

1-et szolgál ki

Hozzávalók

- 2 evőkanál szójaszósz
- 1 evőkanál méz
- 1 teáskanál fekete bors
- 1 evőkanál fokhagyma (darált)
- 1 csirkemell
- 75 g quinoa
- 200 ml víz
- 1 tojás
- 50 g brokkoli
- 50 g mangetout
- ½ pirospaprika (szeletekre vágva)
- 4 koktélparadicsom (felezve)
- újhagyma (apróra vágva)

Útvonalak

a) Először keverje össze a szójaszószt, a mézet, a fekete borsot és a fokhagymát, hogy pácot készítsen. A pác 3/4 részével ráöntjük a csirkemellet, letakarjuk, és 30 percig a hűtőben pácoljuk (vagy megtehetjük előző este is). A maradék pácot félretesszük későbbi tálaláshoz.

b) Ezután adjunk hozzá quinoát és 200 ml vizet egy serpenyőbe, fedjük le, és forraljuk fel. Miután felforrt, tegyünk egy szitát a serpenyőre, és helyezzük a tojást a quinoa fölötti közepére. Ismét fedjük le, és hagyjuk 10 percig párolódni.

c) Közben egy külön serpenyőben hevíts fel kevés olajat vagy alacsony kalóriatartalmú főzőpermetet, majd add hozzá a pácolt csirkemellet. Körülbelül 5-7 percig süssük mindkét oldalát, amíg megpirulnak és teljesen átsülnek, benne rózsaszín darabok nélkül.

d) Adja hozzá a brokkolit és a mangetoutot a quinoa feletti szitához, majd fedje le és párolja további 5 percig. Ezután óvatosan távolítsa el a szitát, és villával keverje össze a quinoát, hogy felpuhuljon.

e) Építsd meg a fehérje tálat. Készítsünk quinoa alapot, majd adjuk hozzá a főtt brokkolit és a mangetoutot, valamint a szelet pirospaprikát és koktélparadicsomot. Hozzáadjuk a felszeletelt csirkemellet és a főtt tojást (először távolítsuk el a héját!), majd a maradék pácot, amit félretettünk, és apróra vágott újhagymával díszítjük.

25. Sült tonhal steak és édesburgonya szeletek

4-et tesz ki

Hozzávalók

A tonhal steakekhez:

- 4 x 150 g-os tonhal steak
- 1 teáskanál durva tengeri só
- 1 evőkanál 100% kókuszolaj (olvasztott)
- 2 evőkanál rózsaszín bors
- Az édesburgonyához:
- 4 nagy édesburgonya
- 1 evőkanál sima liszt
- 1/2 teáskanál só
- 1/2 teáskanál bors
- 1/2 evőkanál 100% kókuszolaj (olvasztott)

Útvonalak

a) Először melegítse elő a sütőt 200 °C-ra.

b) Ezután elkészítjük az édesburgonyát. Minden burgonyát megtisztítunk, és villával megszurkáljuk. Mikrohullámú tányérra tesszük, és magas hőmérsékleten 4-5 percig sütjük, majd kivesszük a mikrohullámú sütőből és hagyjuk hűlni egy-két percig.

c) Ha már eléggé kihűlt ahhoz, hogy megérintse, vágja kockákra az édesburgonyát. A szeletekre szórjuk a lisztet, sózzuk, borsozzuk és az olvasztott kókuszolajat, és egy kicsit rázogassuk, hogy bevonják őket (ettől szuper ropogósak lesznek). Tepsibe rakjuk és 200°C-on 15-20 percig sütjük.

d) Amikor az édesburgonya krumpli majdnem kész, ideje elkészíteni a tonhalszeleteket. Mindegyik steak mindkét oldalát megolvasztott kókuszolajjal vonja be, majd szórja meg sóval, és helyezze egy nagy serpenyőbe, amely már körülbelül egy perce a tűzön volt.

e) A tonhalszeleteket mindkét oldalukon 1-2 percig pirítjuk, ha inkább sült tonhalat szeretünk, vagy 3-4 percig mindkét oldalukat, ha átsülten szeretjük.

f) Készítse elő az ételkészítő dobozokat salátával vagy spenótlevéllel, majd vágja szét az édesburgonya szeleteket, és végül adjon hozzá egy tonhalszeletet. A steaket megszórjuk őrölt rózsaszín borssal, és citromkarikával tálaljuk.

g) Legfeljebb 3 napig tárolja légmentesen záródó tartályokban a hűtőszekrényben. Ha készen áll a fogyasztásra, vegye le a fedőt, és lazán helyezze vissza a tetejére, hagyva egy kis rést. Mikrohullámú sütőben 3 és fél percig, vagy addig, amíg meleg nem lesz. Hagyja állni 1 percig étkezés előtt.

26. Gyors fűszeres cajun lazac és fokhagymás zöldség

Hozzávalók

- 3 gerezd fokhagyma (durvára vágva)
- 1 citrom (nagyon vékony karikákra szeletelve)
- 3 vadlazac filé
- 1,5 evőkanál cajun fűszer
- 1 evőkanál olívaolaj
- 1 teáskanál durva tengeri só és fekete bors
- 180 g (száraz súlyú) kuszkusz
- 10-12 szár zsenge szárú brokkoli
- 2 cukkini

Útvonalak

a) A sütőt előmelegítjük 160°C-ra. Vágja le a zsenge szárú brokkoli száraz végeit (kb. 1 cm), és spirálozza a cukkinit.

b) A brokkolit mély tepsibe fektetjük, majd rákenjük a cukkinivel, fokhagymával és citrommal, és ízesítjük tengeri sóval és fekete borssal. Meglocsoljuk egy kevés olívaolajjal.

c) A lazacfiléket minden oldalukat bedörzsöljük a maradék olívaolajjal és a cajun fűszerezéssel, majd bőrös felével felfelé a zöldségekre helyezzük. Süssük 25 percig, majd emeljük a hőmérsékletet 180°C-ra, és süssük további 5 percig, amíg a bőr kezd ropogós lenni.

d) Főzd meg a kuszkuszt a csomagoláson található utasítások szerint, majd osszuk el 3 Tupperware edénybe. Ossza el a lazacot, a zöldségeket és néhány citromszeletet az edények között, és hagyja kihűlni. Fedjük le és tegyük hűtőszekrénybe legfeljebb 3 napig.

e) Ha készen áll a fogyasztásra, süsse be a mikrohullámú sütőt teljes teljesítménnyel 3 percig, vagy amíg fel nem melegszik.

27. Tonhal tészta saláta

3-at szolgál ki

Hozzávalók

- 200 g főtt tészta
- 2 doboz tonhal
- 1 doboz csemegekukorica (100g)
- 2 sárgarépa (reszelve)
- 1 sárga paprika (kockára vágva)

Az öltözködéshez:

- 4 evőkanál olívaolaj
- 1 citrom (leve és héja)
- ½ teáskanál fokhagymapor
- Só és bors ízlés szerint

Útvonalak

a) Először elkészítjük az öntetet úgy, hogy egy kis tálkába adjuk az olajat, a citromlevet és -héjat, a fokhagymaport, a sót és a borsot, majd jól összekeverjük.

b) Ezután adjuk hozzá a főtt tésztát egy nagy tálba, majd adjuk hozzá a felaprított sárgarépát, a csemegekukoricát, a kockára vágott borsot és a lecsepegtetett tonhalat. Öntsük az öntetet a tetejére, majd egy nagy kanál segítségével óvatosan keverjük össze az egészet, hogy egyenletesen oszoljon el.

c) Adagolja fel 3 ételkészítő edénybe, és tárolja a hűtőszekrényben a következő napokban. Ebéd rendezve.

28. Salmon Poke Bowl

4-et szolgál ki

Hozzávalók

- 3 evőkanál könnyű majonéz
- 1 evőkanál sriracha
- 2 evőkanál szójaszósz
- 2 evőkanál mirin (vagy bármilyen más rizsborecet)
- 1 evőkanál pirított szezámolaj
- 1 evőkanál méz
- 300 g sashimi minőségű lazac
- 1 sárgarépa
- 1 uborka
- 2-3 újhagyma
- 1 avokádó (szeletekre vágva)
- 1 csésze fogyasztásra kész edamame bab
- 250 g ragacsos fehér sushi rizs
- 1-2 medvehagyma (finomra szeletelve)
- 1 evőkanál kókuszolaj
- Díszítéshez: szezámmag

Útvonalak

a) Először keverje össze a könnyű majonézt, a srirachát, a szójaszószt, a mirint, a szezámolajat és a mézet, hogy sima pácot kapjon.

b) Tartsa le a pác ½ felét, hogy később öntetként használhassa, majd adjon sashimi lazacot a maradék páchoz. Keverjük össze a lazacot a páccal, vigyázva, hogy ne sérüljenek meg, majd hagyjuk pácolódni legalább egy órán keresztül.

c) Alaposan öblítse le a sushi rizst, amíg a víz tiszta nem lesz. Ezután főzzük meg a sushi rizst a csomagon található utasítások szerint (általában kb. 10 percig főzzük, majd 10 percig pároljuk), és tálalás előtt hagyjuk kihűlni.

d) Az uborkát negyedekre vágjuk, az újhagymát hosszában, a julienne sárgarépát pedig hámozóval felszeleteljük.

e) Most melegítse fel a kókuszolajat egy tapadásmentes serpenyőben, és adjon hozzá szeletelt medvehagymát. Lassú tűzön körülbelül 7 percig óvatosan pároljuk a medvehagymát, amíg barna és ropogós nem lesz. Ezután vegyük ki a tepsiből, és tegyük át egy darab papír konyharuhára.

f) Ha minden készen van, építsd fel a poke tálat úgy, hogy először a rizst rétegezd, majd az összes feltétet. Díszítsd szezámmaggal, és azonnal fogyaszd, vagy légmentesen záródó edényekben tartsd a hűtőben akár 3 napig is ételkészítésként.

29. Magas fehérjetartalmú Kedgeree

Elkészítés: 3 étkezés

Hozzávalók

- 3 filé füstölt foltos tőkehal
- 1 teáskanál kókuszolaj
- 1 fehér hagyma (apróra vágva)
- 1 teáskanál kurkuma
- 1 teáskanál őrölt koriander
- 1 teáskanál közepes curry por
- 3 kemény tojás (meghámozva és negyedelve)
- 500 g főtt teljes kiőrlésű rizs vagy Zero Rice (160 g száraz tömeg)
- Marék friss koriander

Útvonalak

a) Helyezze a füstölt foltos tőkehalat egy nagy serpenyőbe, közepes lángon. Fedjük le egy hüvelyk vízzel. Forraljuk fel, majd vegyük le a hőt és pároljuk 5 percig. Ha megsült, levesszük a tűzről, és kockákra vágjuk. Félretesz, mellőz.

b) Öntsük ki a vizet a serpenyőből, és adjuk hozzá a kókuszolajat. Adjuk hozzá az apróra vágott hagymát, és pároljuk közepes vagy alacsony lángon 5 percig, amíg aranybarna nem lesz.

c) Adjuk hozzá a kurkumát, az őrölt koriandert és a curryport, és főzzük további 30 másodpercig, időnként megkeverve.

d) Adjuk hozzá a főtt rizst és a foltos tőkehalat, és keverjük össze. Melegítsük fel, majd adjuk hozzá a főtt tojást, és keverjük újra. Tedd ételkészítő edényekbe, és tálald a választott zöldségekkel.

30. Fűszeres Bárány Feta Bulgurral

2-t szolgál ki

Hozzávalók

- 1 evőkanál olaj
- 1 vöröshagyma (szeletekre vágva)
- 1 evőkanál ras el hanout
- 3 evőkanál paradicsompüré
- 250 g darált bárány
- Só és bors ízlés szerint
- 125 ml forrásban lévő víz
- 130 g bulgur búza
- 100 g feta (kockára vágva)
- ½ uborka (kockákra vágva)
- Friss mentalevél díszítéshez

Útvonalak

a) Először egy nagy serpenyőben felforrósítjuk az olajat, és pár percig sütjük a hagymát, amíg megpuhul. Hozzáadjuk a ras el hanoutot és a paradicsompürét, és addig keverjük, amíg minden egyenletesen be nem vonódik.

b) Most hozzáadjuk a darált bárányt, és feldaraboljuk, kevergetve, hogy minden mással összekeverjük. Ízlés szerint sózzuk és borsozzuk, és 5-10 percig főzzük, vagy amíg már nem rózsaszínű lesz.

c) Hozzáadjuk a forrásban lévő vizet, és további 10 percig főzzük, hogy a folyadék csökkenjen és a szósz besűrűsödjön.

d) Ezalatt adjuk hozzá a bulgur búzát egy serpenyőben forrásban lévő vízhez, és főzzük meg a csomagoláson található utasítások szerint.

e) Ha megfőtt, villával összegyúrjuk, majd hozzáadjuk a feta- és uborkakockákat, majd a bulgurt elkeverjük.

f) Építs egy tányérra feta bulgur ágyat, és adj rá néhány kanál báránykeveréket.

g) Díszítsd néhány friss mentalevéllel, majd tálald!

31. Sovány, krémes kolbászos tészta

Adagok 4 adag

Hozzávalók

- 1 teáskanál 100% kókuszolaj
- 1 póréhagyma (finomra szeletelve)
- 2 gerezd fokhagyma gerezd (apróra vágva)
- 8 csökkentett zsírtartalmú kolbász (szeletekre vágva)
- 200 g túró
- 1 doboz apróra vágott paradicsom
- 240 g teljes kiőrlésű penne tészta
- 1 teáskanál szárított chili pehely
- 1 csipet só és bors ízlés szerint
- 1 marék friss bazsalikomlevél

Útvonalak

a) Adja hozzá a kókuszolajat egy nagy, tapadásmentes serpenyőbe közepes vagy magas lángon. A serpenyőbe tesszük a felszeletelt póréhagymát, és időnként megkeverve 3-4 percig pirítjuk.

b) Hozzáadjuk a fokhagymát, és serpenyőben pirítjuk további 2 percig, majd hozzáadjuk a felszeletelt kolbászt, és 6-10 percig sütjük, időnként megkeverve, amíg minden oldala megpirul. Hozzáadjuk a chilipaprikát, és ízlés szerint sózzuk, borsozzuk.

c) Ezután a paradicsomdobozt és keverjük össze. Hagyja pár percig buborékolni, majd adja hozzá a túrót, és alaposan keverje össze, hogy gazdag, krémes mártást kapjon.

d) Adjuk hozzá a kifőtt tésztát a serpenyőbe, és keverjük össze a szósszal úgy, hogy az egészet összekeverjük.

e) Néhány perc múlva vegye le a tésztát a tűzről, és adagolja edényekbe, díszítse friss bazsalikomlevéllel.

32. Édesburgonya és Chorizo Hash

Adagok: 4

Hozzávalók

- 500 g édesburgonya
- 1 evőkanál kókuszolaj
- ½ vöröshagyma (apróra vágva)
- 200 g konzerv csicseriborsó (lecsepegtetett)
- 150 g chorizo vagy pancetta (1 cm-es kockákra vágva)
- ½ teáskanál tengeri só
- ½ teáskanál fekete bors
- 4 közepes szabadtartású tojás
- Maréknyi pácolt és szeletelt jalapeño

Útvonalak

a) Az édesburgonyát meghámozzuk és 2 cm-es kockákra vágjuk. A kockákat egy lábasba tesszük, felöntjük vízzel, majd felforraljuk. Ha felforrt, leszűrjük, és 2-3 percig hagyjuk lecsöpögni a gőzt.

b) Várakozás közben adjuk hozzá a kókuszolajat egy serpenyőbe közepes vagy magas lángon. Ha felolvadt, hozzáadjuk az apróra vágott hagymát és a chorizót/pancettát, és időnként megkeverve 3-4 percig pirítjuk.

c) Ezután vegye le a hőt közepesre, és adja hozzá az édesburgonyát, a csicseriborsót, a jalapenót, a tengeri sót és a fekete borsot. Kicsit összenyomkodjuk és 8-10 percig mozdítás nélkül sütjük, amíg az alja ropogós nem lesz.

d) Ha ropogós, készítsünk 4 kis mélyedést a hashóban, és törjük bele a tojásokat. Fedjük le a serpenyőt fedővel, és főzzük 2-3 percig, amíg a tojás megfő, de a sárgája még folyós lesz (ha szeretjük, ha a sárgája jól sült, tovább is főzheti).

e) A tetejére néhány extra jalapeñot teszünk, és tálaljuk.

33. Teriyaki Marha Zoodles

Elkészítés: 4 étkezés

Hozzávalók

A szószhoz:

- 75 ml szójaszósz
- 120 ml víz
- 1,5 evőkanál kukoricakeményítő
- 4-5 evőkanál bio juharszirup
- Opcionális: 1 gerezd fokhagyma (apróra vágva)
- ½ hüvelykujj gyömbér (reszelve)

A többinek:

- 1 teáskanál kókuszolaj
- 3 far steak (szeletekre vágva)
- 4 cukkini (spirálozott)
- 2 db sárga paprika (apróra vágva)
- 75 g edamame bab
- Szórjuk meg a szezámmagot

Útvonalak

a) A szóját, a vizet és a kukoricakeményítőt/guar gumit felverjük egy serpenyőben, és óvatosan melegítjük 5-6 percig, amíg a szósz besűrűsödik. Ha használod, ezen a ponton add hozzá a fokhagymát és a gyömbért. Ha besűrűsödött, keverjük hozzá a juharszirupot, és vegyük le a tűzről. Félretesz, mellőz.

b) Egy nagy wokot (vagy serpenyőt) melegítsen magas hőmérsékleten 1-2 percig. Amikor már nagyon forró, hozzáadjuk a kókuszolajat és a steakszeleteket, és 1-2 percig pirítjuk, időnként megforgatva.

c) Hozzáadjuk a spirál alakú cukkinit és az apróra vágott borsot, és kevergetve további 2-3 percig pirítjuk.

d) Végül keverjük át a teriyaki szószt és az edamame babot, majd tegyük át Tupperware dobozokba, és hagyjuk kihűlni.

e) Mindegyikre szórjunk néhány szezámmagot, és hűtsük le. Könnyen!

34. Sült feta kuszkusz

4-et szolgál ki

Hozzávalók

- 200 g feta
- 400 g koktélparadicsom
- 1 teáskanál fűszernövénykeverék
- 1 evőkanál olívaolaj
- 200 g kuszkusz
- 500 ml zöldségalaplé
- Friss chili a díszítéshez
- Díszítésnek petrezselymet

Útvonalak

a) A sütőt előmelegítjük 200°C-ra.

b) Tegye bele a fetát és a koktélparadicsomot egy tűzálló tepsibe. Megszórjuk fűszernövénykeverékkel és meglocsoljuk olívaolajjal, majd a sütőben 25-30 percig sütjük.

c) Közben egy nagy tálba öntjük a kuszkuszt, és felöntjük forrásban lévő zöldségalaplével. Jól keverjük össze, fedjük le fedővel vagy tányérral, majd hagyjuk főni körülbelül 10 percig, vagy amíg a folyadék fel nem szívódik, és a kuszkusz könnyű és puha nem lesz.

d) Most villával vagy pépesítővel enyhén pépesítjük a sült fetát és a koktélparadicsomot, amíg az egészet egyfajta sűrű szószba nem keverjük. Adjuk hozzá a kuszkuszt és keverjük össze.

e) Díszítsük apróra vágott friss chilipaprikával, fekete borssal és petrezselyemlevéllel. Élvezze azonnal, vagy tartsa el akár 3 napig.

35. Egyedényes lencse Dahl

4-et tesz ki

Hozzávalók

- 2 evőkanál 100% kókuszolaj
- 1 hagyma (apróra vágva)
- 1 hüvelykes gyömbér
- 3 gerezd fokhagyma (zúzott)
- 1,5 evőkanál kurkuma
- 1,5 evőkanál kömény
- 1,5 evőkanál közepes currypor
- 300 g vöröslencse (mosott)
- 1 kockára vágott paradicsom
- 1,2 liter zöldségalaplé
- 1 koriander
- 200 g sima liszt
- 1/4 evőkanál só
- 2 teáskanál sütőpor
- 250 g natúr tejmentes joghurt

Útvonalak

a) Először egy nagy serpenyőbe, közepes lángon adjuk hozzá a kókuszolajat. Ha felolvadt, hozzáadjuk a hagymát, a gyömbért és a fokhagymát, és időnként megkeverve 3-4 percig pirítjuk.

b) Várakozás közben készítse el az alaplevet egy külön edényben vagy kancsóban – oldjon fel egy alaplékockát 1200 ml forrásban lévő vízben. Félretesz, mellőz.

c) Ezután adjuk hozzá a kurkumát, a köményt és a curryport a serpenyőbe, és kevergetve pirítsuk további percig.

d) Adja hozzá a lencsét, és keverje meg, hogy megbizonyosodjon arról, hogy teljesen összeolvad a serpenyőben lévő hozzávalókkal. Ezután adjuk hozzá a paradicsomot és keverjük össze.

e) Most óvatosan öntsük hozzá az alaplevet, lassan keverjük, hogy minden teljesen összeolvadjon. Csökkentse a hőt, tegye le a serpenyőt a fedővel, majd hagyja 30 percig párolni.

f) Várakozás közben kezdje el elkészíteni a naanokat. Egy tálba adjuk a lisztet, a sót, a sütőport és a joghurtot, és jól keverjük, amíg sűrű tésztát nem kapunk.

g) Szórj meg egy kevés lisztet a munkafelületedre, majd a kezeddel gyúrd át teljesen és gyúrd össze a tésztát labdává. Egy éles késsel vágd egyenlő részekre a labdát – mi

8 részre mentünk a mini naanok esetében, de a negyedekből 4 nagy lesz.

h) A tészta minden részét lapos korong alakúra formázzuk a kezünkkel, majd egyenként tegyük egy serpenyőbe közepes lángon. Mindegyiken néhány percig sütjük, amíg fel nem kezd kelni és megbarnul.

i) Miután az egyedényes lencsedahl megfőtt, jól keverje össze, majd adagolja a rizzsel az ételkészítő edényekbe. Mindegyikhez adjunk egy mini naant, és díszítsük korianderrel.

36. Édes paprikás vegán tál és csokoládé fehérjegolyók

Hozzávalók

Hozzávalók

- 2 400 g kemény tofu
- 400 g csicseriborsó
- 1 evőkanál kókuszolaj
- 1 evőkanál paprika
- 200 g spárga
- 1 csipet tengeri só és bors
- 1 nagy édesburgonya
- 1 evőkanál liszt
- 1 evőkanál bio maca por

Az avokádókrémhez:

- 2 kis érett avokádó
- 2 evőkanál almaecet
- 2 evőkanál extra szűz olívaolaj
- 1-2 evőkanál hideg víz
- Csipetnyi tengeri sót és borsot

A fehérjegolyókhoz:

- 2 kanál vegán keverék (csokoládé sima ízű)
- 2 kanál instant zab
- 75 g kesudió vaj
- 2 evőkanál cukormentes szirup/méz/agavé
- 1-2 evőkanál mandulatej/kókusz/szójatej
- 1 evőkanál chia mag a sodráshoz

Útvonalak

a) Melegítsük elő a sütőt 200°C-ra vagy 180°C-ra légkeveréses üzemmódban.

b) Az édesburgonyát meghámozzuk, vékony burgonyára vágjuk, majd 10 percig főzzük. Jól csepegtessük le, és hagyjuk állni néhány percig, hogy felszabaduljon a nedvesség, majd szórjunk rá kevés lisztet és 1 evőkanál macaport. 20-25 percig sütjük a sütő felső polcán.

c) Várakozás közben melegíts fel egy nagy serpenyőt közepes vagy magas lángon, és adj hozzá kókuszolajat, csicseriborsót és spárgát. 7-8 percig pirítjuk, majd hozzáadjuk a tofut. További 3 percig pirítjuk, időnként megforgatva, majd hozzáadjuk a paprikát, sózzuk, borsozzuk, és még 2 percig pirítjuk.

Az avokádókrémhez:

d) Tegye az összes hozzávalót egy turmixgépbe, és keverje simára és krémesre. Helyezze egy kis Tupperware dobozba, hogy hozzáadhassa az ételhez, ha ismét felmelegítette.

A fehérjegolyókhoz:

e) Keverje össze a vegán keveréket és az instant zabot egy keverőtálban. Adjuk hozzá a dióvajat és a szirupot, keverjük össze, és fokozatosan adjuk hozzá a tejet, amíg a keverékből golyókat nem lehet forgatni. Forgasd meg a golyókat chia magban, és tedd műanyag kádakba, hogy magaddal vigyél egy egészséges harapnivalót!

37. Végső 15 perces vegán fajitas

Tálalás: 2

Hozzávalók

- 1 evőkanál kókuszolaj
- 2 kaliforniai paprika (szeletekre vágva)
- 1 fehér hagyma (szeletekre vágva)
- 4 portobello gomba (szeletekre vágva)
- Fajita fűszerek: ½ teáskanál paprika, 1 teáskanál chilipor, ½ teáskanál fokhagymapor, ½ teáskanál kömény
- 1 evőkanál szójaszósz
- Jó maréknyi ecetes és szeletelt jalapeño paprika
- 6 kis teljes kiőrlésű tortilla

Választható feltétek:

- Guacamole
- Paradicsomos salsa

Útvonalak

a) Melegíts fel egy nagy serpenyőt közepes vagy magas lángon. Csepegtessük bele a kókuszolajat, majd ha felolvadt, adjuk hozzá a felszeletelt hagymát és a kaliforniai paprikát. 8-10 percig pirítjuk, amíg a zöldségek kezdenek megpuhulni, majd a fűszerekkel keverjük össze, és időnként megkeverve pirítsuk további 2 percig.

b) Adjuk hozzá a Portobello gombát és a szójaszószt a keverékhez, és pirítsuk barnulásig – ez körülbelül 4-6 percig tart.

c) Ha megbarnult, melegítse a tortillákat a sütőben 5-10 percig, vagy a mikrohullámú sütőben teljes teljesítményen 30 másodpercig. Töltsük meg a tortillákat Portobello fajita keverékével, és tegyük a tetejére jalapeño paprikát, guacamolét és salsát. Tökéletesség.

38. Ropogós tofu és teriyaki tészta

4-et szolgál ki

Hozzávalók

A teriyaki szószhoz:

- 70 ml szójaszósz
- 2 evőkanál barna cukor
- 1 teáskanál gyömbér (apróra vágva)
- 1 teáskanál fokhagyma (apróra vágva)
- 1 teáskanál szezámmag olaj
- 1 evőkanál méz
- 3 evőkanál mirin
- 2 teáskanál kukoricaliszt (keverve hideg vízzel)

A ropogós tofuhoz:

- 1 blokk tofu
- 3 evőkanál szójaszósz
- 50 g kukoricaliszt
- 1 evőkanál kókuszolaj

A rántáshoz:

- 1 evőkanál kókuszolaj
- 1 sárgarépa (gyufaszálra vágva)
- 1 brokkoli (szárról vágott virágok)
- 4 fészek tojásos tészta
- Díszítéshez: újhagyma (apróra vágva)

Útvonalak

a) Először készítse el a teriyaki szószt a szójaszósz, a barna cukor, a fokhagyma, a gyömbér, a szezámmagolaj, a méz, a mirin (vagy rizsborecet) és a kukoricaliszt keverékével egy kis tálban. Jól keverjük össze, hogy az összes hozzávaló egyenletesen keveredjen.

b) Ezután adjon hozzá 3 evőkanál szójaszószt és 50 g kukoricalisztet két külön tálba. A tofut felkockázzuk, majd minden darabot mártsunk szójaszószba, majd kukoricalisztbe, és ügyeljünk arra, hogy minden darabot bevonjunk, mielőtt félretesszük.

c) Egy tapadásmentes serpenyőben vagy wokban hevítsük fel a kókuszolajat, majd tegyük a bevont tofut a serpenyőbe, és

1-2 percenként keverjük meg és fordítsuk meg, amíg ropogós és aranybarna nem lesz. Vegye ki és tegye félre.

d) Forraljon fel egy nagy fazék vizet, és főzze meg a tojásos tésztát a csomagoláson található utasítások szerint.

e) Ezután a maradék kókuszolajat felhevítjük egy serpenyőben, és hozzáadjuk a sárgarépát és a brokkolit. Kevergetve 5 percig sütjük, amíg kissé megpuhul, majd kivesszük a serpenyőből.

f) Adjuk hozzá a teriyaki szószt a serpenyőhöz, főzzük alacsony lángon, amíg a szósz buborékosodik és besűrűsödik. Ha elégedett a szósz állagával, adjuk hozzá a lecsepegtetett tojásos tésztát a serpenyőbe. Dobd bele a tésztát a teriyaki szószba, majd adj hozzá sárgarépát és brokkolit, és keverd össze.

g) Osszuk el a teriyaki tésztát 4 ételkészítő doboz között, tálaljuk ropogós tofut a tetejére, és díszítsük újhagymával. Rendezett.

39. Vegán lencse bolognai

4-et szolgál ki

Hozzávalók

- 1 evőkanál olívaolaj
- 1 hagyma (kockára vágva)
- 2 sárgarépa (kockára vágva)
- 2 zellerszár (kockára vágva)
- 3 gerezd fokhagyma (darált)
- Fűszerezés: só és bors
- 2 evőkanál paradicsompüré
- 120 g vöröslencse (száraz súly)
- 1 doboz apróra vágott paradicsom
- 300 ml víz
- 1 db zöldségleves kocka
- Tálaljuk: penne tésztával és friss bazsalikommal

Útvonalak

a) Egy nagy serpenyőben felforrósítjuk az olívaolajat, és hozzáadjuk a hagymát. Pár percig pirítjuk, hogy megpuhuljon, majd hozzáadjuk a sárgarépát és átkeverjük.

b) Adjuk hozzá a kockára vágott zellert, és főzzük mindent 5 percig, mielőtt hozzáadjuk a darált fokhagymát és a felkockázott gombát. Keverjük össze a serpenyőben az összes hozzávalót, fűszerezzük bőségesen, és főzzük további 2-3 percig, amíg a gomba megpirul.

c) Ezután keverjük hozzá a paradicsompürét, majd a vöröslencsét és az apróra vágott paradicsomot.

d) Óvatosan öntsük a serpenyőbe a vizet, ügyelve arra, hogy mindent ellepjen, majd keverjük hozzá a zöldségleveskockát. Lassú tűzön 20 percig főzzük, amíg a lencse magába szívja a víz nagy részét és a duplájára nő.

e) Azonnal tálaljuk frissen főtt tészta vagy spagetti ágyon, és díszítsük friss bazsalikommal.

f) A fennmaradó adagokat adagolja az ételkészítő edényekbe, hogy a hét későbbi részében élvezhesse.

40. Reggeli Burritos egész héten át

Gyártmány: 5

Hozzávalók

- 150 g hosszú szemű vagy barna rizs (száraz súly)
- 100 g apróra vágott paradicsomkonzerv
- 1 nagy fehér hagyma (apróra vágva)
- 10 közepes tojás vagy 250 ml folyékony tojásfehérje
- 10 csökkentett zsírtartalmú sertéskolbász (1 cm-es kockákra vágva)
- 125 g csökkentett zsírtartalmú cheddar vagy mexikói sajt (reszelve)
- 250 g fekete bab konzerv
- 1 teáskanál tengeri só, fekete bors és füstölt paprika
- 5 teljes kiőrlésű tortilla
- 50 g pácolt és szeletelt jalapenó

Útvonalak

a) Először is forraljuk fel a rizst. Öntsük a száraz rizst egy nagy serpenyőbe, és öntsük fel 200 ml hideg vízzel és az apróra vágott paradicsommal. Forraljuk fel, majd vegyük le a lángot, fedjük le, és pároljuk 10-15 percig, amíg a rizs fel nem szívja az összes folyadékot.

b) Amíg a rizs felforrására várunk, főzzük meg a többit. Helyezzen egy nagy, tapadásmentes serpenyőt közepes vagy magas lángra kevés kókuszolajjal. Ha a kókuszolaj felolvadt, hozzáadjuk az apróra vágott hagymát, és 3-4 percig pirítjuk, amíg a hagyma barnulni kezd.

c) Tegye a serpenyőbe a kolbászkockákat és a feketebabot a paprikával, sóval, borssal, és további 3-4 percig pirítsa ropogósra. Ha megsült, öntsük egy tálba, és tegyük félre, majd tegyük vissza a serpenyőt a tűzre.

d) Ha a kolbászos keverék megfőtt, megsütjük a tojásokat. A tojásokat egy tálba ütjük, kevés sóval, borssal, és villával felverjük. A tojásokat a serpenyőbe öntjük, és kevergetve 3-4 percig sütjük.

e) Miután az összes összetevő megfőtt, állítsa össze a burritókat. A tortillákat laposra fektetjük, és a főtt rizst rövid, vastag vonalban a közepébe osszuk, a szélek körül helyet hagyva. A tetejére adjuk a kolbászt, a hagymát és a feketebabot, majd a tojást, a reszelt sajtot, végül a jalapenót.

f) Most hajtsa össze a burritókat. Hajtsa rá minden tortilla oldalát a keverék közepére, majd az alsó szélét hajtsa szorosan a közepéig. A becsomagolt keveréket szorosan felfelé, az egyetlen nyitott széle felé tekerjük, és addig hengereljük, amíg sűrű burritót nem kapunk.

g) Ideje lefagyasztani a burritókat. Minden burritót szorosan csavarja be fóliával, és tegye be a fagyasztóba.

h) Ha készen áll egy egészséges reggeli burrito elfogyasztására, egyszerűen csomagolja ki a burritót, és tekerje be egy konyharuhával, majd süsse mikrohullámú sütőbe kb. 2 percig, vagy amíg át nem melegszik. Ízlés szerint adjunk hozzá egy fél avokádót, miután felmelegítettük.

41. Burrito üvegek

Hozzávalók

- 4 csirkemell
- 1 teáskanál kókuszolaj
- 4 paradicsom (apróra vágva)
- 1 vöröshagyma (apróra vágva)
- Csipetnyi sót és borsot
- 1 lime (leve)
- 4 tasak (400g) Zero Rice
- 1 200 g csemegekukorica konzerv (lecsepegtetett)
- 2 avokádó
- 2 fej kis drágakő saláta (apróra vágva)
- 8 evőkanál tejföl
- Díszítésnek újhagyma

Útvonalak

a) A csirkemellet kockákra vágjuk, fűszerezzük, és közepes lángon kevés kókuszolajon teljesen készre sütjük. Kivesszük és hagyjuk kihűlni.

b) Főzzük meg a rizst. Öblítse le hideg víz alatt, majd süsse 1 percig mikrohullámú sütőben vagy 2-3 percig serpenyőben. Tegyük félre, és hagyjuk kicsit hűlni.

c) Szerelje össze a befőttesüvegeket. Oszd fel, dobd bele az apróra vágott paradicsomot és hagymát, a lime levét és egy kevés sót, borsot, és keverd össze. Minden üvegbe adjunk 2 evőkanál tejfölt. Ha először hozzáadja a folyadékot, akkor néhány nap hűtőben tartás után nem lesz átázott saláta.

d) Osszuk szét a csemegekukoricát az üvegek között, majd adjuk hozzá a rizst, a csirkét, az avokádót, a kis salátaleveleket és végül a sajtot. Csavarja fel a fedelet, és élvezze 4 nap egészséges ebédjét!

42. Kiváló fehérjetartalmú töltött paprika 4 módon

Hozzávalók

- 2 nagy kaliforniai paprika, a teteje és a magjai eltávolítva
- 50 g hosszú szemű rizs főzve
- 1 csirkemell (főzve és apróra vágva)
- 2 evőkanál paradicsom salsa
- 50 g fekete bab
- 1 tasak fajita fűszer (vagy saját készítéshez keverjen össze ½ teáskanál paprikát, ½ teáskanál hagymaport, ½ teáskanál fokhagymaport, ¼ teáskanál sót, ¼ teáskanál borsot)
- Marék pácolt jalapeno + 1 evőkanál sóoldat
- Dollop tejföl

Útvonalak

a) Keverje össze a főtt rizst, a csirkét, a salsát, a fekete babot és a fűszereket egy tálban, majd kanalazzuk a paprikába.

b) 180°C-on 20 percig sütjük, majd megkenjük tejföllel és extra jalapenóval.

43. Olasz csirkehúsgombóc spagettivel

Adagolás: 4

Hozzávalók:

- 1 kg darált csirkemell
- 1 lentojás (1 evőkanál őrölt lenmag + 1 evőkanál víz)
- 1 evőkanál apróra vágott friss bazsalikom
- 1 evőkanál apróra vágott friss olasz petrezselyem
- $\frac{1}{2}$ teáskanál szárított oregánó
- $\frac{1}{4}$ teáskanál hagymapor
- $\frac{1}{4}$ teáskanál fokhagymapor

A paradicsomszószhoz

- 2 (15 oz) doboz sómentes paradicsomszósz
- $\frac{3}{4}$ csésze kaliforniai érett fekete olajbogyó, szeletelve
- 1 evőkanál kapribogyó
- 1 teáskanál darált fokhagyma
- 1 közepes édes hagyma, felkockázva
- $1\frac{1}{2}$ csésze apróra vágott gomba
- $\frac{1}{2}$ teáskanál fekete bors

- ½ teáskanál szárított kakukkfű
- ½ teáskanál szárított rozmaring, összetörve
- ⅓ teáskanál szárított majoránna
- 1 evőkanál apróra vágott friss bazsalikom
- 1 evőkanál apróra vágott friss olasz petrezselyem

A spagettihez

- 4 nagy édesburgonya (spiralizált)

Útvonal:

Csirkefasírthoz:

a) Melegítse elő a sütőt 350 °F-ra.

b) Egy kis tálkában készítsd el a lentojást, és tedd félre zselésülésre.

c) Egy nagy tálban keverje össze a darált csirkét, a fűszernövényeket, a fűszereket és a lentojást. Keverjük jól össze.

d) Egy nagy tepsit kivajazunk és 12-14 húsgombócot formázunk belőle, egyenletesen elhelyezve a tepsibe.

e) 30 percig sütjük, vagy amíg a csirke alaposan meg nem fő.

Paradicsomszószhoz:

f) Egyszerűen adjuk hozzá a szósz összes hozzávalóját egy nagy fazékba, és főzzük 10 percig. Hozzáadjuk a csirkehúsgombócokat, és további 5 percig pároljuk.

Spagettihez:

g) Egyszerűen spiralizálja az édesburgonyát (személyenként 1, tehát 4 burgonya elég lesz), a C penge segítségével.

h) Tegye bele a spirálozott burgonyát egy mikrohullámú sütőben használható tálba néhány evőkanál vízzel, és párolja a mikrohullámú sütőben 3-5 percig, amíg kissé megpuhul.

i) Tálalja a húsgombócokat és a szószt a spagettire, és élvezze!

44. Mediterrán pulykafasírt Tzatzikivel

Adagok: 50

Hozzávalók:

- 2 kiló őrölt pulyka
- 2 evőkanál olívaolaj
- 1 közepes hagyma, apróra vágva
- Csipet só
- 1 közepes cukkini, lereszelve
- 1½ evőkanál kapribogyó apróra vágva
- ½ csésze szárított paradicsom, apróra vágva
- 2 szelet teljes kiőrlésű kenyér (vagy fehér kenyér)
- ½ csésze petrezselyem
- 1 tojás
- 1 nagy gerezd fokhagyma, finomra vágva
- ½ teáskanál kóser só
- ½ teáskanál fekete bors
- 1 evőkanál Worcestershire szósz
- ½ csésze reszelt vagy reszelt parmezán sajt

- 2 evőkanál finomra vágott friss menta

Tzatziki szószhoz

- 8 uncia alacsony zsírtartalmú natúr joghurt
- 1 nagy gerezd fokhagyma, darálva
- 1 citrom, héjában
- 1 evőkanál friss menta
- ½ uborka, meghámozva

Útvonal:

a) A sütőt előmelegítjük 375 fokra. Készítsen elő két tepsit alufóliával bélelve és zöldségspray-vel megszórva.

b) Melegíts fel 1 evőkanál olívaolajat közepes lángon egy közepes serpenyőben. Adjuk hozzá a hagymát és egy csipet sót, és főzzük áttetszővé. Tegye át a hagymát egy nagy tálba.

c) Adjuk hozzá a maradék evőkanál olívaolajat a serpenyőbe, és adjuk hozzá a reszelt cukkinit. Megszórjuk egy csipet sóval, és addig főzzük, amíg a cukkini megfonnyad és megpuhul – körülbelül 5 percig. Tegye át a cukkinit a hagymával együtt a tálba. Adjuk hozzá a kapribogyót és a szárított paradicsomot, és keverjük össze.

d) Helyezze a kenyeret egy mini prep robotgép táljába, és addig pörgesse, amíg finom zsemlemorzsa nem lesz. Adjuk hozzá a petrezselymet és pároljuk hozzá többször, amíg a petrezselyem fel nem vágódik, és jól össze nem keveredik a zsemlemorzsával. Tegye a zsemlemorzsát a tálba. Adja hozzá a tojást, a fokhagymát, a kóser sót, a fekete borsot, a Worcestershire szószt, a parmezánt és a mentát a tálba, és keverje össze.

e) Adjuk hozzá a pulykahúst, és kézzel dolgozzuk bele a pulykahúst a kötőanyagba, amíg jól össze nem áll. Kikanalazunk egy evőkanál pulykameveréket, és a kezei között forgatjuk belőle, hogy húsgombócot formáljunk. Helyezze a húsgombócokat a tepsire körülbelül 1 hüvelyk távolságra egymástól. 20-25 percig sütjük, amíg enyhén megpirul és átsül.

f) Közben elkészítjük a tzatziki szószt: Egy kis tálban keverjük össze a fokhagymát, a citromot, a mentát és az uborkát, és keverjük össze. Adjuk hozzá a joghurtot és keverjük össze. Fedjük le, és tálalásig hűtsük le.

g) Tegyük át a húsgombócokat egy tálra, és tálaljuk a tzatzikit az oldalára.

45. Vega- és marhahúsgombóc Marinara

Adagolás: 9

Hozzávalók:

- 6 teáskanál olívaolaj, osztva
- 4 gerezd fokhagyma, szeletelve, felosztva
- 1 (28 uncia) doboz zúzott paradicsom
- 1 teáskanál só, osztva
- 1 teáskanál cukor
- 1 teáskanál zúzott pirospaprika pehely, osztva, opcionális
- 1 kis cukkini durvára vágva
- 1 közepes sárgarépa, durvára vágva
- ½ kis sárga hagyma, durvára vágva
- ¼ csésze petrezselyemlevél, plusz még a díszítéshez
- 1 kiló sovány marhahús
- ½ csésze zab
- ½ csésze reszelt parmezán, plusz még a díszítéshez
- 1 nagy tojás, felvert

Útvonal:

a) Melegítse elő a brojlert magas fokozaton. Győződjön meg arról, hogy a sütőrács körülbelül 4 hüvelykkel a hőforrás alatt van. Dörzsölj be 1 teáskanál olívaolajjal egy peremes tepsi felületét.

b) Egy nagy edényben melegítsd fel a maradék 5 teáskanál olívaolajat közepes lángon. Adjunk hozzá két gerezd fokhagymát, és főzzük aranybarnára, körülbelül 3 percig. Adjunk hozzá paradicsomot, $\frac{1}{2}$ teáskanál sót, cukrot és $\frac{1}{2}$ teáskanál pirospaprika pelyhet (ha szükséges). Forraljuk fel, mérsékeljük a hőt, és lefedve pároljuk 10 percig.

c) Közben egy robotgépben keverje össze a cukkinit, a sárgarépát, a hagymát, a maradék fokhagymát és a petrezselymet. Püstölje, amíg finomra nem vágja. Tegye át a zöldségkeveréket egy nagy tálba. Adjuk hozzá a marhahúst, a zabot, a parmezánt, a maradék sót, a maradék pirospaprika pelyhet (ha szükséges) és a tojást. Jól összekeverni.

d) Formázz a keverékből $1\frac{1}{2}$ hüvelyk átmérőjű húsgombócokat. Egyenletesen elosztjuk az előkészített tepsiben. Süssük addig, amíg a húsgombócok teteje megpirul, körülbelül 5 percig.

e) Óvatosan tedd át a húsgombócokat a szószos edénybe, és főzd tovább lefedve 10 percig, vagy amíg a húsgombóc megpuhul. Vegyük le a tűzről.

f) Tálaljuk előételként vagy főételként főtt spagetti fölé. Díszítsük további petrezselyemmel és parmezánnal, ha szükséges.

46. Mézes barbecue csirke húsgombóc

Adagolás: 4

Hozzávalók:

A húsgombócokhoz

- 1 font darált csirke
- 1 csésze zsemlemorzsa
- ¼ csésze vékonyra szeletelt zöldhagyma
- 2 nagy tojás, felverve
- 2 evőkanál darált friss lapos petrezselyem
- 1 teáskanál darált fokhagyma
- ½ teáskanál só
- ¼ teáskanál őrölt fekete bors

A barbeque szószhoz

- 1 (8 oz.) doboz paradicsomszósz
- ¼ csésze méz
- 1 evőkanál Worcestershire szósz
- 1 evőkanál vörösbor ecet
- ½ teáskanál fokhagymapor

- ½ teáskanál só
- ⅛ teáskanál őrölt fekete bors

Útvonal:

a) Melegítsük elő a sütőt 400 fokra. Béleljünk ki egy tepsit alufóliával, és permetezzük be főzőpermettel.

b) Készítsük elő a húsgombócokat. Egy nagy tálban adjuk hozzá a húsgombóc összes hozzávalóját, és kézzel enyhén keverjük össze. Ne keverjük túl, mert így kemény húsgombócok lesznek.

c) Kezével sodorjon ki 12-14 golflabda méretű fasírtot, és terítse ki a tepsibe.

d) 15 percig sütjük, vagy amíg a húsgombóc megpuhul.

e) Közben elkészítjük a barbeque szószt. Egy közepes tálban keverje össze a szósz összes hozzávalóját, amíg jól össze nem keveredik. Tegye át a szószt egy nagy edénybe. Vegyük közepesen magasra a hőt, és időnként megkeverve hagyjuk 7-8 percig főni. A szósz elkezd sűrűsödni.

f) Csökkentse a hőt alacsonyra. Adjuk hozzá a főtt húsgombócokat a szószhoz, és óvatosan keverjük össze, hogy bevonják a húsgombócokat. A húsgombócokat 5 percig pároljuk a szószban, időnként megkeverve.

47. Pulyka édesburgonyás húsgombóc

Adagolás: 16

Hozzávalók:

- 1 kilós sovány őrölt pulyka
- 1 csésze főtt, tört édesburgonya
- 1 tojás
- 2 gerezd fokhagyma, felaprítva
- 1-2 jalapeno, darálva
- 1/2 csésze mandula liszt (vagy zsemlemorzsa)
- 1/2 csésze hagyma, kockára vágva
- 2 csík bacon, felkockázva

Útvonal:

a) Keverje össze az összes hozzávalót egy nagy tálban.

b) Jól összedolgozzuk, és golyókat formázunk belőle (én kb. 16-ot csináltam).

c) 400 fokon 18-20 percig sütjük (vagy amíg a belső hőmérséklet el nem éri a 165 fokot), egyszer megfordítva.

48. Egyszerű mexikói csicseriborsó saláta

4-et szolgál ki.

Hozzávalók

- 19 oz csicseriborsó doboz, leöblítve és lecsepegtetve
- 1 nagy paradicsom, apróra vágva
- 3 egész zöldhagyma, szeletelt VAGY S csésze kockára vágott lilahagyma
- 1/4 csésze finomra vágott koriander (friss koriander)
- 1 avokádó, felkockázva (elhagyható)
- 2 evőkanál növényi vagy olívaolaj
- 1 evőkanál citromlé
- 1 teáskanál kömény
- 1/4 teáskanál chili por
- 1/4 teáskanál só

Útvonalak

a) Egy tálban habosra keverjük az olajat, a citromlevet, a köményt, a chiliport és a sót.

b) Adjuk hozzá a csicseriborsót, a paradicsomot, a hagymát, a koriandert, és keverjük össze.

c) Ha avokádót használunk, közvetlenül tálalás előtt adjuk hozzá. Hűtőben akár 2 napig is eltartható.

49. Tofu és spenót Cannelloni

3-4

Hozzávalók

- 8 cannelloni/manicotti tészta (igény szerint gluténmentes), al dente főzve

- 1 16 oz. egy üveg kedvenc tésztaszószt

- 2 evőkanál olívaolaj

- 1 közepes vöröshagyma, apróra vágva

- 1 1 oz. csomag fagyasztott spenót felolvasztva és apróra vágva – vagy 1 zacskó friss babaspenót apróra vágva

- 16 oz. kemény vagy selymes tofu

- 1/2 csésze áztatott kesudió, lecsepegve és finomra őrölve (opcionális)

- 1/4 csésze reszelt sárgarépa (opcionális)

- 2 evőkanál citromlé

- 1 gerezd fokhagyma, felaprítva

- 1 evőkanál tápláló élesztő

- 1 teáskanál só

- 1/4 teáskanál fekete bors

- Reszelt vegán sajt, például Daiya (opcionális)

Útvonalak

a) Egy tapadásmentes serpenyőben az olajon áttetszővé pároljuk a hagymát. Hozzákeverjük a spenótot, és elzárjuk a tüzet.

b) Egy tálban keverje össze a tofut, a kesudiót (ha használ), a sárgarépát, a citromlevet, a fokhagymát, az élesztőt, a sót és a borsot.

c) Adjuk hozzá a spenót-hagymás keveréket a tofu keverékhez, és addig keverjük, amíg jól el nem keveredik.

d) Melegítse elő a sütőt 350 F-ra. Öntsön egy vékony réteg tésztaszószt egy 9×133-as serpenyő aljára.

e) Töltsön meg minden főtt héjat töltelékkel kiskanállal. A megtöltött héjakat sorakoztatjuk fel a serpenyőbe, és vonjuk be a többi tésztaszósszal.

f) Fedjük le a serpenyőt alufóliával, hogy a héjak ne száradjanak ki.

g) Süssük körülbelül 30 percig, vagy amíg buborékos nem lesz.

h) Ha vegán sajtot adunk hozzá, szórjuk meg a tetejére az utolsó 2 percre a sütőben.

50. Kókuszos curry lencseleves

szolgál 4.

Hozzávalók

- 1 evőkanál kókuszolaj (vagy olívaolaj)
- 1 nagy hagyma, apróra vágva
- 2 gerezd fokhagyma, felaprítva
- 1 evőkanál friss gyömbér, darálva
- 2 evőkanál paradicsompüré (vagy ketchup)
- 2 evőkanál curry por
- 1/2 teáskanál csípős pirospaprika pehely
- 4 csésze zöldségleves
- 1400 ml doboz kókusztej
- 1400 g kockára vágott paradicsomkonzerv
- 1. 5 csésze száraz vöröslencse
- 2-3 marék apróra vágott kelkáposzta vagy spenót
- Só és bors, ízlés szerint
- Díszítés: apróra vágott koriander (friss koriander) és/vagy vegán tejföl

Útvonalak

a) Egy serpenyőben hevítsd fel a kókuszolajat közepes lángon, és pár perc alatt pirítsd meg a hagymát, a fokhagymát és a gyömbért, amíg a hagyma áttetsző lesz.

b) Adjuk hozzá a paradicsompürét (vagy ketchupot), a curryport és a pirospaprika pelyhet, és főzzük további percig.

c) Hozzáadjuk a zöldséglevest, a kókusztejet, a kockára vágott paradicsomot és a lencsét. Fedjük le és forraljuk fel, majd lassú tűzön pároljuk 20-30 percig, amíg a lencse nagyon megpuhul. Sózzuk, borsozzuk.

d) {Készítés: Lehűthető, légmentesen záródó edényekben lefagyasztható, majd közepes-alacsony lángon újra felmelegíthető.}

e) Tálalás előtt keverjük hozzá a kelkáposztát/spenótot, és díszítsük korianderrel és/vagy vegán tejföllel.

51. Indiai Curry Quinoa

szolgál 4.

Hozzávalók

- 1 csésze quinoa, leöblítve és lecsepegtetve
- 1 doboz (400 ml) kókusztej
- 1 doboz (400 ml) kockára vágott paradicsom
- 3 evőkanál curry por
- 2 evőkanál ketchup vagy paradicsompüré
- 2 evőkanál kókuszolaj (vagy más növényi olaj)
- 1 nagy hagyma
- 1 gerezd fokhagyma, felaprítva
- 1 sárgarépa, kockára vágva
- 1 doboz (400 g) csicseriborsó, lecsepegtetve
- 2 nagy marék apróra vágott spenót vagy kelkáposzta
- 1/2 teáskanál zúzott piros chili paprika só és bors koriander (friss koriander)

Útvonalak

a) Egy közepes lábosban összekeverjük a quinoát, a kókusztejet, a kockára vágott paradicsomot (lével), a curryport és a ketchupot/paradicsompürét, és felforraljuk. Csökkentse a hőt a legalacsonyabb fokozatra, fedje le a serpenyőt, és párolja, amíg a quinoa el nem készül, körülbelül 15 percig.

b) Amíg a quinoa sül: egy serpenyőben közepes lángon hevíts olajat, és kevergetve pirítsd át a fokhagymát és a hagymát, amíg áttetsző nem lesz.

c) Adjuk hozzá a sárgarépát és pároljuk pár percig.

d) Adjuk hozzá a csicseriborsót és főzzük még pár percig.

e) Adjuk hozzá a spenótot/káposztát, és főzzük, amíg megfonnyad, körülbelül egy percig.

f) Keverjük össze a zöldségeket a quinoával, ízesítsük sóval, borssal és törött piros chilipaprikával, és tálalás előtt díszítsük korianderrel.

52. Grillezett zöldségek fehérbab cefre

szolgál 2.

Hozzávalók

- 1 pirospaprika (paprika), kimagozva és negyedelve
- 1 padlizsán (padlizsán), hosszában felszeletelve
- 2 cukkini (cukkini), hosszában felszeletelve
- 2 evőkanál olívaolaj

A cefre számára

- 410 g babkonzerv, leöblítve (én Cannellinit vagy fehér vesebabot használok)
- 1 gerezd fokhagyma, összetörve
- 100 ml zöldségalaplé
- 1 evőkanál apróra vágott koriander (koriander)
- Citromszeletek, tálalni

Útvonalak

a) Melegítse fel a grillt. A zöldségeket grillserpenyőre rendezzük, és vékonyan megkenjük olajjal. Grillezzön enyhén barnára, fordítsa meg, ismét kenje meg olajjal, majd grillezze puhára.

b) Közben a babot egy kis lábasba tesszük a fokhagymával és az alaplével. Forraljuk fel, majd pároljuk fedő nélkül 10 percig.

c) Burgonyanyomóval durván pépesítjük, és ha a pép túl száraznak tűnik, adjunk hozzá egy kevés vizet vagy több alaplét. Osszuk el a zöldséget és pépesítsük 2 tányérra, csepegtessük le a maradék olajjal, és szórjuk meg fekete borssal és korianderrel. Mindegyik tányérra teszünk egy-egy citromszeletet, és tálaljuk.

53. Sütőben sült szejtán

Hozzávalók:

- 1 csésze létfontosságú búzaglutén.
- 3 evőkanál tápláló élesztő.
- 1 teáskanál füstölt paprika.
- 1 teáskanál szárított kakukkfű vagy 1 friss tavaszi kakukkfű.
- 1 teáskanál szárított rozmaring.
- 1 evőkanál fokhagyma por.
- 1 teáskanál tengeri só.
- 1/4 teáskanál szárított zsálya.
- 1 evőkanál vegán Worcestershire szósz.
- 1 evőkanál cukor ingyenes BBQ szósz.
- 2 evőkanál folyékony amino (vagy szójaszósz).
- 1 csésze zöldségleves.
- 4 csésze zöldségleves a szejtán párolásához.

ÚTVONAL:
a) Keverje össze a száraz hatóanyagokat egy tálban, a nedves összetevőket pedig egy másik tálban.
b) Keverjük össze a nedveset a szárazal, és gyúrjuk "tésztává".
c) Gyúrja ezt a tésztát körülbelül 5 percig, vagy amíg a glutén aktiválódik.

d) Forraljon fel körülbelül 4 csésze zöldséglevest közepesen magas hőmérsékleten.
e) A legtöbb ételhez a párolás előtt műanyag fóliába kell csomagolni a szejtánt, de ez csak azért van, hogy megtartsa a formáját, és rájövünk, hogy szeretjük a rusztikus és zöldségleves ízű ételeinket.
f) Egyszerűen tekerje a szejtántésztát hasábpá, és párolja lefedett zöldségleves fazékban 45 percig.
g) 45 perc elteltével melegítse elő a sütőt 350 °F-ra, és süsse meg a szejtánt egy tepsiben 20 percig, majd 10 perc múlva fordítsa meg.

54. Csicseriborsó tofu

Hozzávalók a csicseriborsó tofuhoz:

- 2 csésze garbanzo babliszt.
- 1/4 csésze diétás élesztő.
- 2 teáskanál őrölt kömény.
- 1/2 teáskanál fokhagyma por.
- 1 teáskanál frissen őrölt fekete bors.
- 1/4 teáskanál cayenne bors.
- 1 evőkanál kókuszolaj vagy olívaolaj.
- 1 1/2 teáskanál só.

A tahini szószhoz:

- 1/4 csésze tahini.
- 1 gerezd fokhagyma, felaprítva.
- 1 teáskanál almaecet.
- Újonnan őrölt fekete bors.
- 1 evőkanál fekete szezámmag.

Útvonal:

a) Melegítsük elő a sütőt 400 °F-ra egy nagy tálban, keverjük össze az összes csicseriborsó-tofu komponenst 3/4 csésze vízzel, és jól keverjük össze.

b) Egy tepsit béleljünk ki sütőpapírral, és szedjük össze a masszát.

c) 20 percig sütjük, vagy addig, amíg a közepébe szúrt fogpiszkáló rendben ki nem jön.

d) Kivesszük a sütőből, hagyjuk teljesen kihűlni és falatnyi darabokra vágjuk.

e) Egy külön tálban keverjük össze a tahini szósz hatóanyagait és 2 evőkanál vizet (ha a tahini túl sűrű lenne, adjunk hozzá még vizet).

f) Tálaljuk a csicseriborsó tofut rukkola ágyon, a tetején tahini szósszal.

55. Párolt tofu

Hozzávalók:

- 1 vöröshagyma, vékony szeletekre vágva.
- 1 db 14 uncia blokk kemény tofu 16 négyzetre vágva.
- 1 ek cukor.
- 1/2 -1 evőkanál koreai chili por.
- 3 evőkanál szójaszósz.
- 4 evőkanál szaké.
- 1 medvehagyma, vékony szeletekre vágva.
- Pirított szezámmag.

Útvonal:

a) Tegye a hagymaszeleteket egy tapadásmentes serpenyőbe vagy serpenyőbe, majd tegyük bele a tofudarabkákat.

b) Keverje össze a cukrot, a koreai chiliport, a szójaszószt és a szakét. Tedd rá a tofu szeleteket.

c) Fedjük le a serpenyőt fedéllel. Vegyük magasra a hőt és főzzük forrásig. Vegyük közepesen magasra a lángot, és főzzük további 5 percig, majd többször meglocsoljuk a szósszal.

d) Vegyük le a fedőt, állítsuk vissza a hőt magasra, és főzzük addig, amíg a szósz el nem fogy.

e) Zárd le a hőt, tedd egy tálra, díszítsd mogyoróhagymával és szezámmaggal. Azonnal tálaljuk.

56. Fűszeres mogyoróvaj tempeh

Hozzávalók:

- 22 oz tempeh, 1 hüvelykes kockákra vágva.
- 6,5 uncia vadrizs, nyersen.
- Kókuszolaj spray.

Szósz:

- 4 evőkanál mogyoróvaj.
- 4 evőkanál szójaszósz (alacsony nátrium).
- 4 evőkanál kókuszcukor.
- 2 evőkanál vörös chili szósz.
- 2 teáskanál rizsecet.
- 2 evőkanál gyömbér.
- 3 gerezd fokhagyma (vagy fokhagyma paszta).
- 6 evőkanál víz.

Fejes káposzta:

- 5 uncia lila káposzta, borotvált/finomra szeletelve.
- 1 lime, csak leve.
- 2 teáskanál agave/alma méhmentes méz.
- 3 teáskanál szezámolaj.

- Díszít:

- Zöldhagyma, apróra vágva.

Útvonal:

a) Keverje össze az összes hozzávalót a fűszeres mogyorószószhoz.

b) Vágja a tempeh-et 2,5 cm-es kockákra.

c) Adjuk hozzá a mártást a tempehhez, keverjük össze, fedjük le és pácoljuk a hűtőben 2-3 órára, vagy lehetőleg egy éjszakára. A Tempeh valóban jó a pác ízeinek felszívására.

d) Melegítsük elő a sütőt 375°F/190°C-ra, süsd meg a rizst a csomagon található utasítások szerint.

e) A tempeh-et egy tapadásmentes lapos tepsire tesszük, meglocsoljuk kókuszolajjal, és a sütőben 25-30 percig sütjük. A maradék pácot tálaláshoz konzerváljuk.

f) Keverje össze a káposzta összes összetevőjét egy tálban, és tegye félre, hogy pácolódjon.

57. Füstös csicseriborsó tonhal saláta

Csicseriborsó tonhal:

- 15 oz. főtt csicseriborsó konzerv vagy más módon.
- 2-3 evőkanál tejmentes natúr joghurt vagy vegán majonéz.
- 2 teáskanál dijoni mustár.
- 1/2 teáskanál őrölt kömény.
- 1/2 teáskanál füstölt paprika.
- 1 evőkanál friss citromlé.
- 1 zellerszár felkockázva.
- 2 mogyoróhagyma apróra vágva.
- Tengeri só ízlés szerint.

Szendvics összeállítás:

- 4 szelet rozskenyér vagy csíráztatott búzakenyér.
- 1 csésze csecsemő spenót.
- 1 avokádó szeletelve vagy kockára vágva.
- Só + bors.

Útvonal:

a) Egy konyhai robotgépben pörgesse fel a csicseriborsót, amíg durva, omlós állagúvá nem válik. Egy közepes méretű tálba kanalazzuk a csicseriborsót, és beletesszük a többi aktív összetevőt is, és jól összekeverjük. Bőséges tengeri sóval ízesítjük saját ízlésünk szerint.

b) A bébispenótot minden szelet kenyérre rétegezzük; adjunk hozzá néhány púp csicseriborsó tonhal salátát, egyenletesen elosztva. A tetejét avokádószeletekkel, pár szem tengeri sóval és frissen őrölt borssal megszórjuk.

58. Thai quinoa saláta

A salátához:

- 1/2 csésze főtt quinoa
- 3 evőkanál reszelt sárgarépa.
- 2 evőkanál pirospaprika, óvatosan szeletelve.
- 3 evőkanál uborka, finomra szeletelve.
- 1/2 csésze edamame
- 2 mogyoróhagyma, finomra vágva.
- 1/4 csésze vörös káposzta, finomra szeletelve.
- 1 evőkanál koriander, óvatosan apróra vágva.
- 2 evőkanál pörkölt földimogyoró apróra vágva (opcionális).
- Só.

Thaiföldi mogyoró öntet:

- 1 evőkanál krémes természetes mogyoróvaj.
- 2 teáskanál alacsony sótartalmú szójaszósz.
- 1 teáskanál rizsecet.
- 1/2 teáskanál szezámolaj.
- 1/2 - 1 teáskanál sriracha szósz (opcionális).
- 1 gerezd fokhagyma, óvatosan felaprítva.

- 1/2 teáskanál reszelt gyömbér.
- 1 teáskanál citromlé.
- 1/2 teáskanál agave nektár (vagy méz).

Útvonal:

a) Keverje össze az összes hozzávalót egy kis tálban, és keverje jól össze.

b) A quinoát keverje össze a zöldségekkel egy keverőtálban. Tegye bele az öntetet, és jól keverje össze az integrációhoz.

c) A tetejére szórjuk a pirított mogyorót és tálaljuk!

59. Török bab saláta

A salátához:

- 1 1/2 csésze főtt fehér bab.
- 1/2 csésze apróra vágott paradicsom.
- 1/2 csésze szeletelt uborka.
- 2 zöldpaprika, szeletelve.
- 1/4 csésze szeletelt petrezselyem.
- 1/4 csésze apróra vágott friss kapor.
- 1/4 csésze szeletelt zöldhagyma.
- 4 keményre főtt tojás.

Öltözködés

- 2 csésze meleg víz.
- 2 vöröshagyma, vékonyra szeletelve.
- 1 evőkanál citromlé.
- 1 teáskanál ecet.
- 1 teáskanál só.
- 1 teáskanál szömörce.

Útvonal:

a) Egy nagy tálban keverje össze a saláta összes összetevőjét, kivéve a tojást.

b) Az öntethez bármit felverünk, és a salátára tesszük. Jól átkeverjük, és a tetejére szeletelt vagy félbevágott tojást teszünk.

c) Dobja fel a szeletelt hagymát nagyon forró vízbe, pirítsa egy percig, és tegye át nagyon hideg vízbe, hogy abbahagyja a főzést. Néhány percig hideg vízben állni hagyjuk, majd jól lecsepegtetjük.

d) Keverjük össze a citromlevet, a sót, az ecetet és a szömörcet, és tegyük a lecsöpögtetett hagymára. 5-10 percen belül használható. Minél tovább vár, annál világosabb lesz a színe.

e) Adjunk hozzá lilahagymát a saláta keverékhez, és keverjük jól össze. A tetejére hagyjunk plusz hagymát.

f) Oszd meg a salátát tálakba, és tedd rá még néhány lilahagymát.

60. Zöldség és quinoa tálak

Zöldségek:

- 4 közepes egész sárgarépa.
- 1 1/2 csésze negyedekre vágott csecsemősárga burgonya.
- 2 evőkanál juharszirup.
- 2 evőkanál olívaolaj.
- 1 egészséges csipet tengeri só + fekete bors.
- 1 evőkanál szeletelt friss rozmaring.
- 2 csésze félbevágott kelbimbó.

Quinoa:

- 1 csésze fehér quinoa jól leöblítve + lecsepegtetve.
- 1 3/4 csésze víz.
- 1 csipet tengeri só.

Szósz:

- 1/2 csésze tahini.
- 1 közepes citrom levében (3 evőkanál vagy 45 ml hozam).
- 2-3 evőkanál juharszirup.

A tálaláshoz opcionális:

- Friss fűszernövények (petrezselyem, kakukkfű és így tovább).
- Gránátalma arils.

Útvonal:

a) Melegítsd elő a sütőt 204°C-ra, és bélelj ki egy tepsit sütőpapírral.

b) Tegye a lapra a sárgarépát és a burgonyát, és csepegtesse meg a juharszirup felével, az olívaolaj felével, sóval, borssal és rozmaringgal. Dobd az integráláshoz. Ezután 12 percig sütjük.

c) Közben melegíts fel egy serpenyőt közepesen magas lángon. Ha felforrósodott, adjuk hozzá az öblített quinoát, hogy enyhén pirítsuk meg, majd adjuk hozzá a vizet, hogy elpárologtassuk a maradék nedvességet és kiemeljük a diós ízt.

d) Gyakori kevergetés mellett 2-3 percig készítjük. Adjunk hozzá vizet és egy csipet sót. Végül elkészítjük az öntetet.

e) Tálaláskor osszuk el a quinoát és a zöldségeket a tálalótálak között, és öntsük le egy bőséges tahini szósszal. Vezető köretekkel, például gránátalmavirággal vagy friss fűszernövényekkel.

61. Mandula vajas tofu rántva

Hozzávalók

- 1 db 12 unciás csomag extra céges tofu.
- 2 evőkanál szezámolaj (osztva).
- 4 evőkanál csökkentett nátriumtartalmú tamari
- 3 evőkanál juharszirup.
- 2 evőkanál mandulavaj
- 2 evőkanál limelé.
- 1-2 teáskanál chilis fokhagymás szósz

Zöldségek

- Vadrizs, fehérrizs vagy karfiolrizs.

Útvonal:

a) Amikor a sütő előmelegedett, kicsomagoljuk a tofut, és kis kockákra vágjuk.

b) Közben egy kis turmixtálba tedd a szezámolaj felét, a tamarit, a juharszirupot, a mandulavajat, a lime levét és a chilis fokhagymaszószt/pirospaprika pehelyet/thai chilit. Keverje össze az integráláshoz.

c) Tegye a sült tofut a mandulavaj-tamari szószhoz, és hagyja 5 percig pácolódni, néha megkeverve. Minél tovább pácolódik, annál extrémebb az íze, de szerintem 5-10 perc is elegendő.

d) Melegíts fel egy nagy serpenyőt közepes lángon. Amikor forró, adjuk hozzá a tofut, a pác nagy részét hátrahagyva.

e) Körülbelül 5 percig sütjük, néha megkeverve, amíg minden oldala megpirul, és kissé karamellizálódik. Vedd ki a serpenyőből és tedd félre.

f) A serpenyőbe beletesszük a pác maradék szezámolajat.

62. Quinoa csicseriborsó buddha tál

Csicseriborsó:

- 1 csésze száraz csicseriborsó.
- 1/2 teáskanál tengeri só.

Quinoa:

- 1 evőkanál olíva-, szőlőmag- vagy avokádóolaj (vagy kókuszdió).
- 1 csésze fehér quinoa (jól leöblített).
- 1 3/4 csésze víz.
- 1 csipet egészséges tengeri só.

Kelkáposzta:

- 1 nagy csomag göndör kelkáposzta

Tahini szósz:

- 1/2 csésze tahini.
- 1/4 teáskanál tengeri só.
- 1/4 teáskanál fokhagyma por.
- 1/4 csésze víz.
- A tálaláshoz:
- Friss citromlé.

Útvonal:

a) Vagy áztassa be a csicseriborsót egy éjszakán át hideg vízbe, vagy használja a gyors áztatási módszert: Adja hozzá az öblített csicseriborsót egy nagy edénybe, és fedje le 2 hüvelyk vízzel. Lecsepegtetjük, leöblítjük, és visszatesszük az edénybe.

b) Az áztatott csicseriborsó főzéséhez tegyük egy nagy fazékba, és öntsük fel 2 hüvelyk vízzel. Forraljuk fel nagy lángon, majd csökkentsük a hőt lassú tűzön, sózzuk, keverjük össze, és fedő nélkül főzzük 40 percig - 1 óra 20 percig.

c) Kóstoljon meg egy babot a 40 percnél, és nézze meg, mennyire puha. Egyszerűen zsenge babot keres egy kis harapással, és a héjak felfedik a hámlás jeleit. Amint elkészült, csöpögtessük le a babot, és tegyük félre, és szórjuk meg még egy kis sóval.

d) Készítsd el az öntetet úgy, hogy egy kis keverőtálba teszed a tahinit, a tengeri sót és a fokhagymaport, és habverővel keverd össze. Ezután apránként adjunk hozzá vizet, amíg önthető mártást nem kapunk.

e) Adjunk hozzá 1/2 hüvelyk vizet egy közepes serpenyőbe, és forraljuk fel közepes lángon. Azonnal vegyük le a kelkáposztát a tűzről, és tegyük egy kis tálba a tálaláshoz.

63. Seitan parmezán

Hozzávalók:

- 6 evőkanál kulcsfontosságú búzaglutén.
- 1/2 teáskanál hagymapor.
- 1/4 teáskanál szárnyasfűszer.
- 1/4 teáskanál só.
- 1 evőkanál tahini.
- 5 evőkanál vegán csirkehúsleves.
- 1 vegán tojáspótló.
- 6 evőkanál liszt.
- 1/4 teáskanál hagymapor.
- 1/4 teáskanál fokhagyma por.
- 1/4 teáskanál só.
- Választható tészta.
- Kedvenc tészta szósz.
- Vegán sajt, tálaláshoz.
- 1 nagy brazil dió "parmezánhoz".

Útvonal:

a) Keverje össze: 6 evőkanál búzaglutén, 1/2 teáskanál hagymapor, 1/4 teáskanál baromfifű és 1/4 teáskanál só.

b) Keverje össze egy különböző tálban: 1 evőkanál tahini és 5 evőkanál vegán csirkehúsleves vagy víz.

c) Az 1-es és a 2-es sor kombinálva addig, amíg nem lesz szejtántészta. Egy percig tésztát dagasztani.

d) Felöntjük vízzel vagy húslével. Ha elkészült, papírtörlővel nyomjon ki egy kis vizet a pogácsából.

e) Készítsen vegán tojást az utasítások szerint. Használjon kevés vizet a tojásos tésztához a vékonyabb oldalon.

f) Készítsen lisztkeveréket: 6 evőkanál liszt, 1/4 hagymapor, 1/4 fokhagymapor és 1/4 só.

g) Mártsuk a szejtánpogácsát lisztbe, majd vegán tojástésztába, majd még egyszer lisztbe. Magas/közepes lángon aranybarnára sütjük.

h) Tálaljuk tésztával, szósszal és vegán sajttal. Ha szükséges, olvasszuk fel a vegán sajtot "sült" beállítás mellett. A brazil diót óvatosan reszeljük le a parmezánhoz.

64. Vöröslencse pogácsák

A paradicsomszószhoz:

- 1 14 uncia konzerv apróra vágott paradicsom.
- Egy csepp agave szirup.
- 1 evőkanál olaj.
- 1 teáskanál vörös, fehér bor.
- Chili, szárított provence-i fűszernövények és paprikapor ízlés szerint.

A lencsepogácsákhoz:

- 1 csésze száraz vöröslencse.
- 1 1/2 csésze, plusz 3 evőkanál víz.
- 1 teáskanál zöldségleves por.
- 1 teáskanál kurkuma.
- 1 hagyma, felkockázva.
- 1 gerezd fokhagyma, préselve.
- 1/2 teáskanál kömény.
- 1 len tojás.
- 2 evőkanál petrezselyem.
- Só és bors, ízlés szerint.

- Olaj, szükség szerint.

A paradicsomszósz elkészítéséhez:

a) Adjunk hozzá minden hatóanyagot egy edénybe, és forraljuk fel. Csökkentse minimálisra a hőt és párolja körülbelül 30 percig, időnként megkeverve. Szabadulj meg a hőtől.

A lencsepogácsák elkészítéséhez:

b) Keverje össze a lencsét, a vizet, a zöldséglevest és a kurkumát egy edényben, és forralja fel. Ha szükséges, csökkentse a hőt, és addig főzzük, amíg a lencse megpuhul, és a víz felszívódik (több vizet adunk hozzá. Időnként keverjük meg).

c) A hagymát viszont egy serpenyőben megpirítjuk.

d) Melegítsük elő a sütőt 390 ° F-ra. Egy tepsit béleljünk ki sütőpapírral és kenjük meg olajjal.

e) Egy tálban keverje össze a lencsét, a hagymát, a fokhagymát, a köményt, a lentojást, a petrezselymet, a sót és a borsot. Jól keverjük össze és hagyjuk kicsit kihűlni.

f) Nedvesítse meg a kezét vízzel, formázzon lencsepogácsát, és tegye sütőpapírra. Kenjük meg egy kis olajjal.

g) A vöröslencsét körülbelül 20-25 percig sütjük, és a paradicsomszósszal tálaljuk.

65. Rukkola pesto és cukkini

Hozzávalók:

- 2 szelet rozs pirítós
- 1/2 avokádó.
- 1/2 nagy cukkini.
- Csokor vízitorma .
- 1 gerezd fokhagyma.
- Rukkola pestohoz:
- 2 nagy marék rukkola.
- 1 csésze fenyőmag (vagy bármilyen dió).
- 1 nagy marék spenót.
- 1 lime leve.
- 1 teáskanál tengeri só.
- 3 evőkanál olívaolaj.

Útvonal:

a) Kezdje a rukkola pesto elkészítésével úgy, hogy az összes hozzávalót egy malomba tesszük, és addig verjük, amíg a pesto bársonyos és sima nem lesz.

b) A cukkinit megpirítjuk úgy, hogy először nagyon vékony vízszintes darabokra vágjuk. Melegítsük fel a durvára vágott fokhagymagerezdeket, az olívaolajat, szórjunk rá tengeri sót és egy pár fröccs vizet egy kis serpenyőben közepes lángon.

c) Ha a cukkini kezd kiszáradni főzés közben, tegyük bele a cukkinit és pároljuk 7 percig – lassan öntsük bele a vizet.

d) Pirítsuk meg a kenyeret, majd kenjük szét a pestóval a pirítósban, tegyük bele a cukkinit és a szeletelt avokádót, és főzzük meg vízitormával!

66. Vegetáriánus rakott

Hozzávalók:

- 1 evőkanál olíva- vagy repceolaj.
- 1 hagyma, óvatosan felszeletelve.
- 3 gerezd fokhagyma, szeletelve.
- 1 teáskanál füstölt paprika.
- 1/2 teáskanál őrölt kömény.
- 1 evőkanál szárított kakukkfű.
- 3 közepes sárgarépa, szeletelve.
- 2 közepes rúd zeller, finomra szeletelve
- 1 pirospaprika, szeletelve.
- 1 sárga paprika, szeletelve.
- 2 x 400 g paradicsomkonzerv vagy hámozott koktélparadicsom.
- 1 db zöldségleves kocka 250 ml-ig
- 2 cukkini, vastagon felszeletelve
- 2 szál friss kakukkfű.
- 250 g főtt lencse.

Útvonal:

a) Melegítsünk fel 1 evőkanál olíva- vagy repceolajat egy hatalmas, túlnyomó alapú edényben. Tegyünk bele 1 apróra vágott hagymát, és 5-10 perc alatt puhára pároljuk.

b) Tegyen bele 3 gerezd fokhagymát, 1 teáskanál füstölt paprikát, 1/2 teáskanál őrölt köményt, 1 evőkanál szárított kakukkfüvet, 3 vágott sárgarépát, 2 finomra vágott zellerrudat, 1 vágott pirospaprikát és 1 hasított sárga paprikát, és főzzük 5 percig.

c) Tegyen bele két 400 g-os tégelyes paradicsomot, 250 ml zöldségalaplét (1 fazékból készült), 2 vastagra vágott cukkinit és 2 szál új kakukkfüvet, és főzzük 20-25 percig.

d) Vegyük ki a kakukkfű gallyakat. Keverjünk hozzá 250 g főtt lencsét, és vegyük vissza pörköltre. Vad és fehér basmati rizzsel, squash-val vagy quinoával ajándékozzuk.

67. Sült kelbimbó

Hozzávalók:

- 1 lb kelbimbó, félbe vágva.
- 1 medvehagyma, apróra vágva.
- 1 evőkanál olívaolaj.
- Só és bors, ízlés szerint.
- 2 teáskanál balzsamecet.
- 1/4 csésze gránátalma mag.
- 1/4 csésze kecskesajt, morzsolva.

Útvonal:

a) Melegítse elő a sütőt 400° F-ra. Kenje be a kelbimbót olajjal. Sózzuk, borsozzuk.

b) Tegyük át egy tepsibe. Sütőben 20 percig sütjük.

c) Meglocsoljuk az ecettel.

d) Tálalás előtt szórjuk meg a magvakkal és sajttal.

68. Avokádós csicseriborsó szendvics

Hozzávalók:

- 1 doboz sót nem adtunk hozzá csicseriborsót lecsöpögtetjük a csöveket és leöblítjük.
- 1 nagy érett avokádó.
- 1 1/2 evőkanál citromlé.
- 1/2 teáskanál csípős chili paprika finomra darálva.
- Só, bors.
- 4 szelet teljes kiőrlésű kenyér.
- 1 nagy kincses paradicsom szeletelve.
- 1/2 csésze édes mikrozöld.
- 1/2 csésze reszelt sárgarépa.
- 1/2 csésze előkészített és felaprított cékla.

Útvonal:

a) Egy tálban pépesítsd az avokádót viszonylag simára, add hozzá a citromlevet, a csípős chili paprikát és a csicseriborsót. Sózzuk, borsozzuk.

b) A szendvics összeállításához egy szelet kenyérre rétegezzük a paradicsomszeleteket, adjuk hozzá a mikrozöldeket, a céklát, a csicseriborsó salátát és a sárgarépát. Élvezd!

69. Serpenyőben quinoa

Hozzávalók:

- 1 csésze édesburgonya, kockára vágva.
- 1/2 csésze víz.
- 1 evőkanál olívaolaj.
- 1 hagyma, apróra vágva.
- 3 gerezd fokhagyma, felaprítva.
- 1 teáskanál őrölt kömény.
- 1 teáskanál őrölt koriander.
- 1/2 teáskanál chili por.
- 1/2 teáskanál szárított oregánó.
- 15 oz feketebab, leöblítve és lecsepegtetve.
- 15 oz sült paradicsom.
- 1 1/4 csésze zöldségleves.
- 1 csésze fagyasztott kukorica 1 csésze quinoa (főzés nélkül).
- Só ízlés szerint.
- 1/2 csésze könnyű tejföl.
- 1/2 csésze friss korianderlevél.

Útvonal:

a) Egy serpenyőben, közepes lángon adjuk hozzá a vizet és az édesburgonyát. Felforral.

b) Csökkentse a hőt, és addig főzzük, amíg az édesburgonya megpuhul.

c) Adjuk hozzá az olajat és a hagymát.

d) 3 percig főzzük. Hozzákeverjük a fokhagymát és a fűszereket, és 1 percig főzzük.

e) Hozzáadjuk a többi hozzávalót a tejföl és a koriander kivételével. 20 percig főzzük.

f) Tejföllel tálaljuk, és tálalás előtt megkenjük a korianderrel.

70. Ragadós tofu tésztával

Hozzávalók:

- 1/2 nagy uborka.

- 100 ml rizs vörösbor ecet.

- 2 evőkanál arany porcukor.

- 100 ml növényi olaj.

- 200 g csomagos céges tofu, 3 cm-es kockákra vágva.

- 2 evőkanál juharszirup.

- 4 evőkanál barna vagy fehér miso paszta.

- 30 g fehér szezámmag.

- 250 g szárított soba tészta.

- 2 újhagyma felaprítva, tálaláshoz.

Útvonal:

a) Hámozó segítségével vékony szalagokat vágunk le az uborkáról, hagyjuk hátra a magokat. Tedd a szalagokat egy tálba, és tedd félre. Az ecetet, cukrot, 1/4 teáskanál sót és 100 ml vizet egy serpenyőben közepes lángon 3-5 percig óvatosan melegítsd, amíg a cukor elfolyósodik, majd öntsd az uborkára és hagyd a hűtőben pácolódni, amíg elkészíted a tofut. .

b) Egy nagy, tapadásmentes serpenyőben közepes lángon 1 evőkanál kivételével az összes olajat melegítse fel, amíg buborékok kezdenek emelkedni a felszínre. Beletesszük a tofut és 7-10 percig pirítjuk.

c) Egy kis tálban keverjük össze a mézet és a misót. A szezámmagot kiterítjük egy tányérra. A sült tofut megkenjük a ragacsos mézes szósszal, és a maradékot félretesszük. A tofut egyenletesen bevonjuk a magokkal, megszórjuk egy kevés sóval, és meleg helyen hagyjuk.

d) Készítsd el a tésztát, és dobd fel a maradék olajjal, a maradék szósszal és 1 evőkanál uborka savanyító folyadékkal. 3 percig főzzük, amíg át nem melegszik.

71. Vegán BBQ teriyaki tofu

Hozzávalók:

- 4 evőkanál alacsony sótartalmú szójaszósz.
- 2 evőkanál puha barna cukor.
- Csipet őrölt gyömbért.
- 2 evőkanál mirin.
- 3 teáskanál szezámolaj.
- 350 g tömb rendkívül kemény tofu (lásd lentebb) vastag szeletekre vágva.
- 1/2 evőkanál repceolaj.
- 2 cukkini, vízszintesen csíkokra szeletelve.
- 200 g zsenge szárú brokkoli.
- Fehér és fekete szezámmag, tálaláshoz.

Útvonal:

a) Keverjük össze a szójaszószt, a puha barna cukrot, a gyömbért és a mirint 1 teáskanál szezámolajjal, és kenjük meg vele a tofudarabokat. Tedd őket egy nagy, sekély étkezésbe, és öntsd rá a maradék pácot. Hűtsük le legalább 1 órát.

b) Melegítse fel a grillsütőt addig, amíg a parazsatok fehéren izzanak, vagy melegítsen egy serpenyőt. Keverjük össze a maradék szezámolajat a repceolajjal, majd kenjük meg a cukkini szeleteket és a brokkolit. Grillezzük (vagy grillezzük) őket a parázson 7-10 percig, vagy amíg meg nem fájnak, majd félretesszük és melegen tartjuk.

c) A tofudarabokat mindkét oldalon grillezzük a parázson 5 percig (vagy használjuk a serpenyőt), amíg megbarnulnak és a szélei ropogósak lesznek. Tálaljuk a tofut egy zöldségágyon a megmaradt páccal, és szórjuk rá a szezámmagot.

72. Csírák zöldbabbal

Hozzávalók:

- 600 g kelbimbó, negyedelve és felvágva.
- 600 g zöldbab.
- 1 evőkanál olívaolaj.
- 1 citrom héja és leve.
- 4 evőkanál pirított fenyőmag.

Útvonal:

a) Pár másodpercig főzzük, majd hozzáadjuk a zöldségeket, és kevergetve 3-4 percig pirítjuk, amíg a csírák kissé meg nem színeződnek.

b) Adjunk hozzá egy facsart citromlevet, és ízlés szerint sózzuk, borsozzuk.

73. Kérges tofu retekkel

Hozzávalók:

- 200 g kemény tofu.
- 2 evőkanál szezámmag.
- 1 evőkanál japán shichimi togarashi.
- Fűszerkeverék.
- 1/2 evőkanál kukoricaliszt.
- 1 evőkanál szezámolaj.
- 1 evőkanál növényi olaj.
- 200 g zsenge szárú brokkoli.
- 100 g cukorborsó.
- 4 retek, nagyon finomra szeletelve.
- 2 újhagyma, óvatosan felszeletelve.
- 3 kumquat, nagyon finomra szeletelve.
- Az öltözködéshez
- 2 evőkanál alacsony sótartalmú japán szójaszósz.
- 2 evőkanál yuzu lé (vagy 1 evőkanál lime- és grapefruitlé).
- 1 teáskanál arany porcukor.
- 1 kis medvehagyma, finomra vágva.

- 1 teáskanál reszelt gyömbér.

Útvonal:

a) A tofut félbevágjuk, jól letakarjuk konyhai papírral, és tányérra tesszük. Tegyünk a tetejére egy vastag serpenyőt, hogy kinyomja belőle a vizet.

b) Egy tálban keverjük össze a szezámmagot, a japán fűszerkeveréket és a kukoricalisztet. Permetezze a tofura, amíg jól rétegezi. Félretesz, mellőz.

c) Egy kis tálban keverjük össze az öntet hozzávalóit. Egy serpenyőben vizet forralunk a zöldségekhez, és egy nagy serpenyőben felforrósítjuk a két olajat.

d) Amikor a serpenyő nagyon felforrósodott, beletesszük a tofut, és mindkét oldalát kb. 1 percig sütjük, amíg szép barna nem lesz.

e) Amikor a víz felforrt, 2-3 percig készítsük elő a brokkolit és a cukorborsót.

74. Lencse lasagne

Hozzávalók:

- 1 evőkanál olívaolaj.
- 1 hagyma, apróra vágva.
- 1 sárgarépa, szeletelve.
- 1 rúd zeller, apróra vágva.
- 1 gerezd fokhagyma, összenyomva.
- 2 x 400 g lencsedoboz, lecsepegtetve, leöblítve.
- 1 evőkanál kukoricaliszt.
- 400 g apróra vágott paradicsom.
- 1 teáskanál gombás ketchup.
- 1 teáskanál szeletelt oregánó (vagy 1 teáskanál szárított).
- 1 teáskanál zöldség alaplépor.
- 2 karfiol fej rózsákra törve.
- 2 evőkanál cukrozatlan szójatej.
- Csipetnyi újonnan reszelt szerecsendió.
- 9 szárított tojásmentes lasagne lap.

Útvonal:

a) Egy serpenyőben felforrósítjuk az olajat, hozzáadjuk a sárgarépát, a zellert és a hagymát, és óvatosan 10-15 percig puhára főzzük. Adjuk hozzá a fokhagymát, főzzük pár percig, majd keverjük hozzá a lencsét és a kukoricalisztet.

b) Hozzáadjuk a paradicsomot és egy vízzel teli konzervet, a gombás catsupot, az oregánót, az alaplevet és némi fűszerezést. 15 percig pároljuk, időnként megkeverve.

c) Főzzük a karfiolt egy serpenyőben forrásban lévő vízben 10 percig, vagy amíg megpuhul. Eressze le a csöveket, majd pürésítse a szójatejjel botmixerrel vagy élelmiszer-darálóval. Jól fűszerezzük, és beletesszük a szerecsendiót is.

d) Adjunk hozzá még egy 3-at a lencse keverékből, majd terítsük el a karfiolpüré egyharmadát, majd egy réteg tésztát. A tetejére helyezzük a lencse és a lasagne utolsó harmadát, majd a maradék püré.

e) Lazán letakarjuk alufóliával, és 35-45 percig sütjük, az utolsó 10 percben eltávolítva a fóliát.

75. Lencsefasírt

A húsgombócokhoz:

- 3/4 csésze szárított barna és zöld vagy francia lencse.

- 1 1/2 csésze alacsony nátriumtartalmú zöldségleves - vagy csirkehúsleves, plusz szükség szerint.

- 2 teáskanál olívaolaj.

- 1/2 csésze kockára vágott sárgahagyma - körülbelül 1/2 közepes hagyma.

- 1 csésze reszelt sárgarépa.

- 2 gerezd fokhagyma - darált (kb. 2 teáskanál).

- 1/2 csésze régimódi hengerelt zab - vagy gyorsan főzhető - zab, ne használjon azonnali vagy acélra vágott zabot.

- 1/4 csésze apróra vágott friss olasz petrezselyem.

- 1 1/2 evőkanál paradicsompüré.

- 1 teáskanál szárított oregánó.

- 1/2 teáskanál kóser só.

- 1/4 teáskanál fekete bors.

- 1 nagy tojás.

a) Készítsen teljes kiőrlésű tészta tésztát, cukkini tésztát vagy édesburgonyás tésztát.

b) Adja hozzá a leöblített lencsét egy közepes méretű serpenyőbe a zöldséglevessel.

c) A hagymát, a fokhagymát és a sárgarépát olajon megpirítjuk.

d) A zabot és a petrezselymet pároljuk meg párszor, hogy elkezdjük a zab feldarabolását. Hozzáadjuk az elkészített lencsét, a hagymás keveréket, a paradicsompürét, az oregánót, sózzuk, borsozzuk, majd beleütjük a tojást. Pörgessen még néhányszor, amíg a keverék beépül, de a lencsének még mindig van némi állaga.

e) Forgassa a lencsekeveréket körülbelül 1 1/2 hüvelyk átmérőjű, körülbelül golflabda méretű labdákká. 10 percig főzzük.

76. Mogyoróhéjas sertésérmék

Hozzávalók

- 10 uncia sertés szűzpecsenye, fél hüvelyk vastag szeletekre vágva
- 1 teáskanál dijoni mustár
- ½ csésze finomra vágott mogyoró
- 2 evőkanál apróra vágott friss bazsalikom
- Só és frissen őrölt fekete bors ízlés szerint
- 2 evőkanál olívaolaj
- 1 csésze alacsony nátriumtartalmú csirkehúsleves
- ¼ csésze fél és fél tejszín
- 1 csésze szeletelt cékla, lecsepegtetve

a) Kalapáccsal vagy hústörővel dörzsölje körbe az egyes sertéshúsokat a viaszpapír lapok között ¼ hüvelyk vastagságig. Egy tálban összekeverjük a mustárt, a mogyorót, a bazsalikomot és a sót, borsot.

b) A sertésmedálokat a mustáros keverékbe forgatjuk, és félretesszük. Melegítsünk egy száraz serpenyőt 2 percig, majd adjuk hozzá az olajat és melegítsük közepesen magas lángon 1 percig. Hozzáadjuk a kikotrózott sertésmedálokat, és oldalanként 30 másodperctől 1 percig pirítjuk, amíg a dió enyhén megpirul (a sertéshús a szószban fejezi be a főzést).

c) Vegye ki a medálokat a serpenyőből, és tartsa melegen. Adjuk hozzá a húslevest a serpenyőbe, és öntsük le, majd kaparjuk fel az aljára tapadt barna darabokat. Hozzákeverjük a tejszínt, és további 3 percig pároljuk. Tegyük vissza a medálokat a szószba, és főzzük még 2 percig.

d) A répaszeleteket két tányéron elrendezzük. Helyezze az egyes medalionokat egy répaszeletre, és egyszerre tálalja.

77. Sertésszelet jóízűen

ÍZLÉS

- ¼ csésze apróra vágott szilvaparadicsom
- ¼ csésze apróra vágott vöröshagyma
- 2 evőkanál vörösbor ecet
- 2 evőkanál extra szűz olívaolaj
- 1 gerezd fokhagyma apróra vágva
- 2 evőkanál apróra vágott friss bazsalikom
- 1 teáskanál szárított oregánó
- ½ teáskanál só
- Frissen őrölt fekete bors ízlés szerint

Pác

- 2 evőkanál vörösbor ecet
- 2 evőkanál olívaolaj
- 1 gerezd fokhagyma apróra vágva
- Két 10 uncia vastagra vágott sertésszelet
- Só és frissen őrölt fekete bors ízlés szerint
- 2 evőkanál növényi olaj apróra vágott friss lapos petrezselyem

- Friss parmezán sajtos fürtök díszítéshez

a) Keverje össze az ízletes hozzávalókat egy kis tálban. Tedd félre.

b) A pác keveréket egy sekély tepsiben felverjük. Helyezzük a sertésszeleteket a pácba, mindkét oldalukat megfordítjuk, és tegyük félre 10 percre. Most távolítsa el a karajokat a pácból, és csepegtesse le a felesleget. Sózzuk, borsozzuk bőségesen a szeleteket.

c) Melegítsen elő egy száraz öntöttvas serpenyőt 3 percig nagy lángon. Adjuk hozzá a növényi olajat és melegítsük még 1 percig. Helyezze a karajokat a forró olajba, és süsse közepesen ritka, oldalanként 3-4 percig, vagy a kívánt készenléti fokig.

d) A karajokat tányérra tesszük, a tetejére ízesítőt, apróra vágott petrezselymet és parmezán fürtöket teszünk. Egyszerre tálaljuk.

78. Sertés spagettitök

Hozzávalók

- 1 teáskanál olívaolaj
- 12 uncia sertés szűzpecsenye, 1 hüvelyk vastag medalionokra vágva
- ½ teáskanál kóser só
- ¼ teáskanál frissen őrölt fekete bors
- 1 evőkanál darált medvehagyma
- 1 csésze száraz vörösbor
- ¼ teáskanál kukoricakeményítő
- ½ citrom reszelt héja és 2 teáskanál friss citromlé
- 1 evőkanál teljes gyümölcsű (cukor nélkül) ribizli zselé
- 1 teáskanál dijoni mustár
- 2 csésze sült spagettitök

a) Melegíts fel egy nagy serpenyőt közepesen magas lángon, majd fóliázd be az olajjal. Közben papírtörlőn szárítsa meg a sertésdarabokat, és ízesítse sóval, borssal. Kívül ropogósra és barnára pirítjuk, a közepén pedig már ne rózsaszínűre, oldalanként 3-4 percig. Transzfer felmelegített tányérokra és tartalék.

b) Adjuk hozzá a medvehagymát a serpenyőbe, és főzzük körülbelül 30 másodpercig. Adjuk hozzá a bort, forraljuk fel, és csökkentsük körülbelül ¼ csészére, vagy 5 percig. A kukoricakeményítőt feloldjuk a citromlében, és beleforgatjuk a szószba. Addig főzzük, kevergetve, amíg a szósz sűrű és szaténszerű lesz. Levesszük a tűzről, és belekeverjük a zselét és a mustárt. Kóstoljuk meg, és fűszerezzük sóval és borssal.

c) Tálaláskor minden tányéron készítsen egy fészket sült spagetti tökből, és öntsön sertésérméket és szószt.

79. Fűszeres quinoa falafel

Hozzávalók:

- 1 csésze főtt quinoa.
- 1 doboz garbanzo bab.
- Egy kis vöröshagyma fele.
- 1 evőkanál Tahini.
- 2 teáskanál köménypor.
- 1 teáskanál koriander por.
- 1/4 csésze apróra vágott petrezselyem.
- 3 gerezd fokhagyma.
- Fél citrom leve.
- 1 evőkanál kókuszolaj.
- 1 evőkanál tamari (GF szójaszósz).
- 1/2 - 1 teáskanál chili pehely.
- Tengeri só készítése.

Útvonal:

a) A garbanzobabot, a lilahagymát, a fokhagymát, a tahinit, a chili pehelyet, a köményt, a koriandert, a citromlevet és a sót egy malomba dobjuk, és 15 másodpercig be- és kikapcsoljuk, hogy lebontsa a babot, de nem t pürésítse őket.

b) A masszából kézzel kis golyókat formázunk (kb. 2 evőkanál tésztát mindegyikhez) és sütőpapíros tepsire tesszük.

c) 1 órára hűtőbe tesszük őket.

d) Mindkét oldalát megszórjuk kevés liszttel.

e) Egy nagy serpenyőben közepes lángon felhevítjük a kókuszolajat.

f) Hozzáadjuk a falafel golyókat, és mindkét oldalát 3-5 percig sütjük.

80. Butternut squash galette

Hozzávalók:

- 1 1/2 csésze tönkölyliszt.
- 6-8 zsályalevél.
- 1/4 csésze hideg víz.
- 6 evőkanál kókuszolaj.
- Tengeri só.
- A töltelékhez:
- 1 evőkanál olívaolaj.
- 1/4 vöröshagyma, vékonyra szeletelve.
- 1 evőkanál zsályalevél.
- 1/2 piros alma, nagyon finomra szeletelve.
- 1/4 vajtök, bőrét eltávolítjuk és nagyon finomra szeleteljük.
- 1 evőkanál kókuszolaj, felosztva és feltöltésre lefoglalva.
- 2 evőkanál zsálya, öntethez fenntartva.
- Tengeri só.

Útvonal:

a) Melegítse elő a sütőt 350 ° F-ra.

b) A héjat úgy készítsük el, hogy a lisztet, a tengeri sót és a zsályaleveleket a malomba adjuk. Fokozatosan keverje hozzá a kókuszolajat és a vizet, és rendszeresen pulzáljon, mivel ez finoman beleolvad a lisztbe. Csak annyit pulzáljon, amíg a komponensek egymáshoz nem illeszkednek, körülbelül 30 másodpercig.

c) Közben elkészítjük a tölteléket. Egy kis serpenyőben közepes-magas lángon melegítsük fel az olívaolajat. Tegye bele a hagymát, csipet sót, egy teáskanál zsályalevelet, és pirítsa körülbelül 5 percig. Tegye félre, miközben a tésztát kör alakú, körülbelül 1/4 hüvelyk vastagságúra nyújtja.

d) Keverje össze a tököt és az almát egy kis tálban egy csepegtető olívaolajjal és tengeri sóval. Adja hozzá a vajtököt és az almaszeleteket a hagymák tetejére (egyszerűen, ahogy a képen látja).

e) Finoman hajtsa rá a héj széleit a tök külső oldalára.

f) A kókuszolajból kis darabokat tegyünk a galette tetejére a zsályalevelekkel együtt, és süssük a sütőben 20-25 percig, vagy amíg a héja meg nem puhul, és a tök megpuhul.

81. Quinoa curry pasztával

Hozzávalók

- 2 evőkanál friss koriander szárából.
- 2 kis marék friss korianderlevél.
- 6 gerezd fokhagyma.
- 1 evőkanál porított koriander.
- 1/2 evőkanál porított kömény.
- 1 hüvelykes gyömbérdarab (héja nélkül).
- 1 lime leve.
- 1 citromfű szár
- 1/2 csésze medvehagyma vagy fehér hagyma.
- 1 teáskanál chili pehely.
- Tengeri só.
- zöld curry

Útvonal:

a) Kezdje a currypaszta elkészítésével úgy, hogy mindent belekever az élelmiszer-malomba, amíg jól össze nem keveredik, és pépes lesz.

b) Most a curry - közepes/magas lángon melegítse a kókuszolajat és a hagymát 5 percig. Hozzáadjuk az összes zöldséget, a kókuszcukrot, a curry pasztát és 1/4 csésze vizet, és letakarva pároljuk körülbelül 10 percig.

c) Fokozatosan adjunk hozzá több vizet, hogy a zöldségek ne égjenek meg. Amint a zöldségek megfőnek, öntsd bele a kókusztejet és 1 csésze vizet, és főzd további 10 percig, amíg a zöldségek teljesen megfőnek. Keverje hozzá a friss lime levét, a további korianderleveleket és a barna rizst vagy a quinoát!

82. Sült füstölt sárgarépa szalonna

Hozzávalók:

- 3 nagy sárgarépa.
- 2 evőkanál repceolaj.
- 1 teáskanál fokhagyma por.
- 1 teáskanál füstölt paprika.
- 1 teáskanál só.

Útvonal:

a) A sárgarépát megmossuk (nem kell meghámozni), és mandolin segítségével hosszában feldaraboljuk. A sárgarépacsíkokat sütőpapírral bélelt tepsire fektetjük. Melegítsd elő a sütőt 320°F-ra. A megmaradt komponenseket egy kis tálban keverd össze, majd ecseteld meg a sárgarépacsíkokat mindkét oldalon.

b) Tedd a sütőbe 15 percre, vagy amikor a sárgarépa csíkok hullámosak.

83. Lazac spagettitök felett

Hozzávalók

- ½ teáskanál ötfűszeres por
- 1 teáskanál reszelt narancshéj
- ½ teáskanál cukor
- ¼ teáskanál kóser só
- ½ teáskanál frissen őrölt fekete bors
- Két 6 uncia lazac filé
- 2 teáskanál dijoni mustár
- 1 evőkanál mogyoróolaj
- 2 csésze sült spagettitök
- 2 evőkanál darált friss koriander

a) Egy kis tálban keverjük össze az ötfűszeres port a narancshéjjal, cukorral, sóval és borssal. Viaszpapíron bedörzsöljük a filék mindkét oldalát. Kenjük meg a mustárt a filékre.

b) Melegíts fel egy nagy serpenyőt közepesen magas lángon, majd kend be az alját az olajjal. A filéket serpenyőben, csak egyszer megforgatva sütjük ropogósra és kívül barnára, összesen 5-8 percig.

c) Közben a tököt elosztjuk két felmelegített tányér között. A tetejére rakjuk a halfiléket, és díszítsük korianderrel.

84. Póréhagymán buggyantott lazac

Hozzávalók

- 4 csésze (két 15½ unciás doboz) alacsony nátriumtartalmú csirkehúsleves
- 1 csésze víz
- 3 evőkanál Provence-i fűszernövény
- 1 közepes póréhagyma, negyedelve és megtisztítva (lásd a megjegyzést)
- Két 6 uncia lazac filé
- 2 evőkanál sótlan vaj ¼ csésze nehéz tejszín

a) Egy nagy serpenyőben, szorosan záródó fedéllel keverje össze a csirkelevest, a vizet és a Provence-i fűszernövényeket. Erős lángon forraljuk fel, fedjük le, majd mérsékeljük a hőt közepes-alacsonyra. Adjuk hozzá a póréhagymát, és főzzük 7-10 percig.

b) Helyezze a lazacfilét a póréhagyma tetejére, bőrével lefelé, fedje le, és főzze 4-5 percig, vagy amíg a lazac átlátszatlan nem lesz. Egy lyukas kanál vagy fogó segítségével távolítsa el a lazacot és a póréhagymát egy meleg tányérra, és fedje le. Adjuk hozzá a vajat és a tejszínt a serpenyőbe, és főzzük 5 percig, csökkentve a szósz mennyiségét.

c) Ossza el a szószt két leveses tányér között. A tetejére póréhagymát, majd lazacot teszünk. Azonnal tálaljuk.

85. Grillezett kardhal salsával

Hozzávalók

- Két 6 uncia csont nélküli, bőr nélküli kardhal steak, $\frac{3}{4}$ hüvelyk vastag
- 1 evőkanál olívaolaj
- 2 csésze reszelt jégsaláta
- 1 csésze szeletelt retek
- 1 Hass avokádó
- 2 evőkanál legjobb minőségű salsa egy kis friss korianderrel felpumpálva
- 1 lime reszelt héja és leve

a) Melegítse elő a gáz-, szén- vagy elektromos grillt. A halakat mindkét oldalát megkenjük olívaolajjal. Grillezze meg a halat, egyszer megfordítva, miután az alja megpirult (kb. 2 perc), majd a második oldalon fejezze be, és addig süsse, amíg a hal közepe áttetszővé válik (még 2-3 perc).

b) Eközben két felmelegített tányérra készíts egy ágyat salátából, retekből és avokádóból. Tegye a főtt halat a tányérokra, és minden steak tetejére tegyen egy nagy adag salsát. Facsarj az egészre lime levét, és szórd meg a héjával.

86. Tonhal steak majonézzel

Hozzávalók

- 2 teáskanál majonéz

- 2 evőkanál frissen darált vagy 2 teáskanál szárított tárkony és tárkony ágak a díszítéshez

- Két 6 uncia tonhal steak, 1 hüvelyk vastag

- Só és őrölt bors ízlés szerint

- 1 teáskanál olívaolaj

- Összecsapott téli squash

a) Egy kis tálban keverjük össze a majonézt és a tárkonyt. Fedjük le és tegyük félre. Melegíts fel egy nehéz serpenyőt vagy bordázott grillserpenyőt közepesen magas lángon. Papírtörlővel szárítsa meg a tonhalat, majd ízlés szerint ízesítse sóval és törött borssal.

b) Kenjük meg olívaolajjal a halak felületét. Oldalanként körülbelül 3 percig serpenyőben, közepesen. Tegyük át melegített tányérokra. Minden steak tetejét megkenjük egy adag tárkonyos majonézzel, és tárkonyvesszőkkel díszítjük. Helyezzen egy halom tököt a tonhal mellé.

87. Összenyomott téli tök

Hozzávalók

- Egy ½ kilós téli tök (vajdió, hubbard)
- 2 evőkanál sótlan vaj
- Só és frissen őrölt fekete bors ízlés szerint

a) A tök felületét villával több helyen megszurkáljuk. Tegye be a mikrohullámú sütőbe, és főzze magas hőmérsékleten, amíg megpuhul, körülbelül 8 percig.

88. Nyársra vágott fésűkagyló prosciutto

Hozzávalók

- 2 uncia vékonyra szeletelt prosciutto
- 12 nagy friss bazsalikomlevél
- 12 uncia nagy tengeri kagyló

KRÉMES SPENÓT

- 1 evőkanál olívaolaj
- 12 uncia friss babaspenót
- 2 evőkanál tejszín
- Só ízlés szerint
- ½ teáskanál frissen őrölt fekete bors
- Csipetnyi frissen reszelt szerecsendió

a) Áztasson be 12 kis fanyársat legalább 20 percre vízbe. Helyezzen egy prosciutto szeletet egy munkafelületre, majd fektessen egy bazsalikomlevelet az egyik végére. A tetejére fésűkagylót teszünk. Tekerje a prosciuttót a tengeri herkentyűre és a bazsalikomra, az oldalát csavarja be. Ismételje meg a folyamatot 12 csomag elkészítéséhez. Fűzzük rá a beáztatott nyársra, fedjük le, és tegyük félre. Melegítsen fel egy grillt vagy egy nagy serpenyőt.

b) A csomagokat közepes széntűzön vagy serpenyőben, olívaolajjal megfóliázva grillezzük addig, amíg a prosciutto sercegni nem kezd. Fordítsa meg egyszer, és folytassa a főzést, összesen legfeljebb 5 percet.

c) Közben egy nagy serpenyőben kevés olajon megpirítjuk a spenótot, amíg megfonnyad. Adjuk hozzá a tejszínt, ízesítsük ízlés szerint sóval, borssal és egy kis szerecsendióval. Tálaláskor készíts egy-egy ágyat tejszínes spenótból mind a két felmelegített tányérra. Csúsztassa le a fésűkagyló-csomagot a nyársról, és helyezze el a spenóton.

89. Szeitán és fekete bab

A szószhoz:

- 400 g fekete bab konzerv, lecsepegtetve és megmosva.
- 75 g sötétbarna lágy cukor.
- 3 gerezd fokhagyma.
- 2 evőkanál szójaszósz.
- 1 teáskanál kínai ötfűszeres por.
- 2 evőkanál rizsecet.
- 1 evőkanál sima mogyoróvaj.
- 1 piros chili, apróra vágva.

A rántáshoz:

- 350 g-os üveges pác szeitán darabok.
- 1 evőkanál kukoricaliszt.
- 2-3 evőkanál növényi olaj.
- 1 pirospaprika, szeletelve.
- 300 g pak choi, szeletelve.
- 2 újhagyma, szeletelve.
- Elkészített rizstészta vagy rizs, tálalni.

Útvonal:

a) Kezdje a szósz elkészítésével, öntse a bab felét egy malom edényébe a maradék aktív összetevőkkel, és adjon hozzá 50 ml vizet. Fűszerezzük, majd turmixoljuk simára. Tedd egy serpenyőbe, és melegítsd óvatosan körülbelül 5 percig, amíg fényes és sűrű nem lesz.

b) Eressze le a szeitán csöveit, és törölje szárazra a főzőlappal. Dobd a szejtán darabokat egy tálba a kukoricaliszttel és tartsd fenn. Melegítse fel a wok-ot magas hőmérsékletre, adjon hozzá egy kevés olajat, majd a szejtánt – ezt lehet, hogy adagokban kell megtennie. Körülbelül 5 percig kevergetve sütjük, amíg a szélei aranybarnák nem lesznek. Vegye ki a szejtánt a wokból egy lyukas kanál segítségével, és tegye félre egy tányérra.

c) Ha a wok ebben a szakaszban száraz, adjon hozzá 1 teáskanál növényi olajat. 3-4 percig előkészítjük, majd visszatesszük a szejtánt a serpenyőbe, belekeverjük a szószt, és 1 percig forraljuk.

90. Curry tofu borítók

Hozzávalók:

- 1/2 vörös káposzta, felaprítva.
- 4 töltött evőkanál tejmentes joghurt
- 3 evőkanál menta szósz.
- 3 x 200 g tofu csomag, mindegyik 15 kockára vágva.
- 2 evőkanál tandoori curry paszta.
- 2 evőkanál olaj.
- 2 hagyma, szeletelve.
- 2 nagy gerezd fokhagyma, szeletelve.
- 8 chapattis.
- 2 lime, negyedekre vágva.

Útvonal:

a) Keverjük össze a káposztát, a joghurtot és a mentaszószt, fűszerezzük és lefőzzük. Dobd fel a tofut a tandoori pasztával és 1 evőkanál olajjal. Melegíts fel egy serpenyőt, és pár perc alatt süsd meg a tofut, mindkét oldalát adagonként aranybarnára. Szúrókanállal kiemeljük a serpenyőből és.

b) A megmaradt olajat a serpenyőbe öntjük, belekeverjük a hagymát és a fokhagymát, és 8-10 percig főzzük, amíg megpuhul. Tegyük vissza a tofut a serpenyőbe, és jól fűszerezzük.

c) Melegítse fel a chapattis-t a csomagolási utasításokat követve, majd mindegyiket egy kis káposztával, majd a currys tofuval és egy csipet lime-mal.

91. Thai saláta tempeh-vel

Saláta:

- 6 uncia cérnametélt

- 2 közepes egész sárgarépa, zöldséghámozóval vagy spirálozóval "felszalagozva".

- 2 szál zöldhagyma

- 1/4 csésze szeletelt koriander.

- 2-3 evőkanál szeletelt menta.

- 1 csésze lazán csomagolt spenót

- 1 csésze nagyon finomra szeletelt vörös káposzta.

- 1 közepes piros kaliforniai paprika.

- 1 adag pácolt mogyoró tempeh.

Öltözködés:

- 1/3 csésze sózott bársonyos mogyoróvaj, mandulavaj vagy napvaj.

- 3 evőkanál gluténmentes tamari.

- 3 evőkanál juharszirup.

- 1 teáskanál chilis fokhagymás szósz

- 1 közepes lime, levet (hozam: 3 evőkanál vagy 45 ml).

- 1/4 csésze víz (hígításhoz).

Útvonal:

a) A rizstésztát a csomagolási útmutató szerint főzzük meg, öblítsük le, csepegtessük le, és hűtsük le.

b) Egy nagy tálba teszünk főtt és lehűtött tésztát, sárgarépát, zöldhagymát, koriandert, mentát, spenótot, káposztát és piros kaliforniai paprikát, és lazán összeforgatjuk. Lefoglal.

c) Készítsen öltözködést.

d) Tegye bele a tempeh 1/2-ét (opcionális) és a szósz 1/2-ét a salátához, és dobja fel. A maradék tempeh és a szósz vezet. Azonnal tálaljuk.

92. Pfelfújt quinoa bár

Hozzávalók:

- 3 evőkanál kókuszolaj.
- 1/2 csésze nyers kakaópor.
- 1/3 csésze juharszirup.
- 1 evőkanál tahini
- 1 teáskanál fahéj.
- 1 teáskanál vaníliapor.
- Tengeri só.

Útvonal:

a) Egy kis serpenyőben közepes-alacsony lángon olvasszuk össze a kókuszolajat, a nyers kakaót, a tahinit, a fahéjat, a juhartengert, a szirupot és a vaníliás sót, amíg sűrűbb csokoládé keveréket nem kapunk.

b) A felpattantott quinoára öntjük a csokoládészószt, és jól összekeverjük. Egy nagy evőkanál csokis ropogósból kis tepsibe kanalazzuk.

c) Tedd be őket a fagyasztóba minimum 20 percre, hogy megszilárduljanak. Tárolja a fagyasztóban, és élvezze!

93. Ccsokoládé darabos süti

Hozzávalók:

- 2 csésze univerzális gluténmentes liszt.
- 1 teáskanál szódabikarbóna.
- 1 teáskanál tengeri só.
- 1/4 csésze vegán joghurt.
- 7 evőkanál vegán vaj.
- 3 evőkanál kesudióvaj
- 1 1/4 csésze kókuszcukor.
- 2 chia tojás.
- Étcsokoládé tábla, betöréses adagok.

Útvonal:

a) Melegítse elő a sütőt 375 ° F-ra

b) Egy közepes méretű keverőtálban keverje össze a gluténmentes lisztet, a sót és a szódabikarbónát. Tedd félre, amíg felolvasztod a vajat.

c) Tegye egy tálba a vajat, joghurtot, kesudióvajat, kókuszcukrot, és keverőállvány vagy kézi mixer segítségével keverje össze néhány percig, amíg össze nem áll.

d) Hozzáadjuk a chia tojást és jól összekeverjük.

e) Hozzáadjuk a lisztet a chia-tojás keverékhez, és alacsony fokozaton keverjük, amíg össze nem keveredik.

f) Belekeverjük a csokoládé darabokat.

g) A tésztát 30 percre a hűtőbe tesszük dermedni.

h) Vegye ki a tésztát a hűtőszekrényből, és hagyja szobahőmérsékletűre hűlni, körülbelül 10 percig, és béleljen ki egy tepsit sütőpapírral.

i) Kezével 1 1/2 evőkanálnyi sütitésztát kanalazunk a sütőpapírra. Hagyjon egy kis helyet az egyes sütik között.

j) A sütiket 9-11 percig sütjük. Gyönyörködj benne!

94. Shelled edamame dip

Hozzávalók:

- 1/2 csésze szeletelt vöröshagyma.
- 1 lime leve.
- Tengeri só.
- Egy marék koriander.
- Kockára vágott paradicsom (elhagyható).
- Chili pehely.

Útvonal:

a) Csak pár másodpercig pörgesse a hagymát egy turmixgépben. Ezután adjuk hozzá a többi hatóanyagot, és addig pulzáljuk, amíg az edamame nagy adagokra nem keveredik.

b) Élvezze pirítósra kenhető, szendvicsként, mártogatósként vagy pesto szószként!

95. Matcha kesudió poharak

Hozzávalók:

- 2/3 csésze kakaóvaj.
- 3/4 csésze kakaópor.
- 1/3 csésze juharszirup.
- 1/2 csésze kesudióvaj, vagy bármilyen ízlés szerint.
- 2 teáskanál matcha por.
- Tengeri só.

Útvonal:

a) Tölts meg egy kis serpenyőt 1/3 csésze vízzel, és helyezz a tetejére egy tálat, lefedve az edényt. Amikor a tál felforrósodott, és az alatta lévő víz forr, olvasszuk fel a kakaóvajat a tálban, kapcsoljuk be a hőt és. Ha felolvadt, vegyük le a tűzről, és pár percig keverjük hozzá a juharszirupot és a kakaóport, amíg a csokoládé besűrűsödik.

b) Egy közepes méretű cupcake tartó segítségével töltse meg az alsó réteget egy bő evőkanál csokis keverékkel. Tedd be őket a fagyasztóba 15 percre, hogy megdermedjen.

c) Vegyük ki a fagyasztott csokoládét a fagyasztóból, és 1 evőkanálnyi matcha/kesudióvajas tésztát tegyünk a fagyasztott csokoládéréteg tetejére. Megszórjuk tengeri sóval, és 15 percig a fagyasztóban pihentetjük.

96. Ccsípős csokoládé szeletek

Hozzávalók:

- 400 g csicseriborsó doboz, leöblítve, lecsepegtetve.
- 250 g mandulavaj.
- 70 ml juharszirup.
- 15 ml vanília paszta.
- 1 csipet só.
- 2 g sütőpor.
- 2 g szódabikarbóna.
- 40 g vegán csokoládé chips.

Útvonal:

a) Melegítse elő a sütőt 180°C/350°F-ra.

b) A nagy tepsit kikenjük kókuszolajjal.

c) Keverje össze a csicseriborsót, a mandulavajat, a juharszirupot, a vaníliát, a sót, a sütőport és a szódabikarbónát egy turmixgépben.

d) Keverjük simára. Keverje hozzá a csokoládédarabkák felét, és terítse a masszát az előkészített tepsibe.

e) Megszórjuk a fenntartott csokoládédarabokkal.

f) Süssük 45-50 percig, vagy amíg a beszúrt fogpiszkáló tisztán ki nem jön.

97. Snedves zöld süti

Hozzávalók:

- 165 g zöldborsó.
- 80 g apróra vágott medjool datolya.
- 60 g selymes tofu, pépesítve.
- 100 g mandulaliszt.
- 1 teáskanál sütőpor.
- 12 mandula.

Útvonal:

a) Melegítse elő a sütőt 180°C/350°F-ra.

b) A borsót és a datolyát aprítógépben összedolgozzuk.

c) Addig dolgozzuk, amíg sűrű paszta nem lesz.

d) Öntse a borsó keveréket egy tálba. Hozzákeverjük a tofut, a mandulalisztet és a sütőport. A keverékből 12 golyót formázunk.

e) Sütőpapírral bélelt tepsire helyezzük a golyókat. Az egyes golyókat olajozott tenyérrel lapítsuk le.

f) Minden sütibe tegyünk egy mandulát. Süssük a sütiket 25-30 percig, vagy amíg finoman aranybarnák nem lesznek.

g) Tálalás előtt rácson hűtsük le.

98. Banana bárok

Hozzávalók:

- 130 g sima mogyoróvaj.
- 60 ml juharszirup.
- 1 banán, pépesítve.
- 45 ml víz.
- 15 g őrölt lenmag.
- 95 g főtt quinoa.
- 25 g chia mag.
- 5 ml vanília.
- 90 g gyorsfőzésű zab.
- 55 g teljes kiőrlésű liszt.
- 5 g sütőpor.
- 5 g fahéj.
- 1 csipet só.
- Feltöltés:
- 5 ml olvasztott kókuszolaj.
- 30 g vegán csokoládé apróra vágva.

Útvonal:

a) Melegítse elő a sütőt 180°C/350°F-ra.

b) A 16 cm-es tepsit kibéleljük sütőpapírral.

c) Keverje össze a lenmagot és a vizet egy kis tálban. Tedd félre 10 percre.

d) Egy külön tálban keverje össze a mogyoróvajat, a juharszirupot és a banánt. Belekeverjük a lenmag keveréket.

e) Ha sima keveréket kapott, keverje hozzá a quinoát, a chia magot, a vanília kivonatot, a zabot, a teljes kiőrlésű lisztet, a sütőport, a fahéjat és a sót.

f) Öntse a masszát az előkészített tepsibe. 8 rúdra vágjuk.

g) 30 percig sütjük a rudakat.

h) Közben elkészítjük a feltétet; keverjük össze a csokoládét és a kókuszolajat egy hőálló tálban. Tedd forrásban lévő víz fölé, olvadásig.

i) Vegye ki a rudakat a sütőből. Tegye rácsra 15 percre, hogy kihűljön. Kivesszük a rudakat a tepsiből, és meglocsoljuk csokoládéval. Szolgál.

99. Protein fánk

Hozzávalók:

- 85 g kókuszliszt.
- 110 g vanília ízű csíráztatott barnarizs fehérjepor.
- 25 g mandulaliszt.
- 50 g juharcukor.
- 30 ml olvasztott kókuszolaj.
- 8 g sütőpor.
- 115 ml szójatej.
- 1/2 teáskanál almaecet.
- 1/2 teáskanál vanília paszta.
- 1/2 teáskanál fahéj.
- 30 ml bio almaszósz.
- További:
- 30 g porított kókuszcukor.
- 10 g fahéj.

Útvonal:

a) Egy tálban keverjük össze az összes száraz hozzávalót.

b) Egy külön edényben habosítsa fel a tejet az almaszósszal, a kókuszolajjal és az almaecettel.

c) Hajtsa szárazra a nedves hozzávalókat, és alaposan keverje össze.

d) Melegítse elő a sütőt 180°C-ra, és zsírozza ki a 10 lyukú fánkformát.

e) Az elkészített tésztát kivajazott fánkformába kanalazzuk.

f) 15-20 percig sütjük a fánkokat.

g) Amíg a fánk még meleg, szórjuk meg kókuszcukorral és fahéjjal. Melegen tálaljuk.

100. Hegy-szezámos tofu

Hozzávalók:

- 12 uncia extra kemény tofu, lecsepegtetve és szárazra törölve.
- Olaj vagy főzőspray.
- 2 evőkanál csökkentett nátriumtartalmú szójaszósz vagy tamari.
- 3 gerezd fokhagyma, felaprítva.
- 1 evőkanál méz.
- 1 evőkanál reszelt hámozott friss gyömbér.
- 1 teáskanál pirított szezámolaj.
- 1 kiló zöldbab, vágva.
- 2 evőkanál olívaolaj.
- 1/4 teáskanál pirospaprika pehely (elhagyható).
- Kóser só.
- Újonnan őrölt fekete bors.
- 1 közepes mogyoróhagyma, nagyon finomra szeletelve.
- 1/4 teáskanál szezámmag.

Útvonal:

a) Tedd félre 10-30 percre. Keverje össze a szójaszószt vagy a tamarit, a fokhagymát, a mézet, a gyömbért és a szezámolajat egy nagy tálban; félretesz, mellőz.

b) Vágja a tofut háromszögekre, és helyezze egy rétegben az előkészített tepsi egyik felére. Meglocsoljuk a szójaszószos keverékkel. Süssük aranybarnára az alján, 12-13 perc alatt.

c) Forgassa meg a tofut. Helyezze a zöldbabot egy rétegben a tepsi másik felére. Meglocsoljuk az olívaolajjal, és beszórjuk a pirospaprika pehelyekkel; sóval, borssal ízesítjük.

d) Tegyük vissza a sütőbe, és süssük addig, amíg a tofu aranybarna nem lesz a 2. oldalon, még 10-12 percig. Megszórjuk mogyoróhagymával és szezámmaggal, és azonnal tálaljuk.

KÖVETKEZTETÉS

Sok minden segíthet a sikeredben, de a legfontosabb te vagy! Ne hagyd, hogy mások cserbenhagyjanak, a vegán étrend mellett végzett testépítés gyakran negatív megjegyzéseket válthat ki másokból. Úgy döntött, hogy figyelmen kívül hagyja, és bebizonyítja, hogy tévednek.

Mindaddig, amíg olyan étrendet követ, amely sok fehérjét, szénhidrátot, zsírt, gyümölcsöt és zöldséget tartalmaz, és egyenletes ütemben halad a gyakorlatokkal, nincs ok arra, hogy elbukjon. Csak motiváltnak kell maradnia, és ragaszkodnia kell hozzá. Ha alkalmazza az ebből az útmutatóból tanult összes tudást és technikát, valamint saját kutatását, semmi sem állíthatja meg – tehát induljon, és sok szerencsét!

www.ingramcontent.com/pod-product-compliance
Lightning Source LLC
Chambersburg PA
CBHW070505120526
44590CB00013B/754